nny Udale

TEXTILE & MODE

[n.] Branche du secteur impliquée dans la fabrication de tissus.

[n.] Style vestimentaire, de coiffure, décoration ou comportement en vogue ou populaire.

« **LES ESSENTIELS_STYLISME** »
TEXTILE & MODE
est édité par **PYRAMYD NTCV**
15, rue de Turbigo
75002 Paris – France
Tél. : 33 (0)1 40 26 00 99
Fax : 33 (0)1 40 26 00 79
www.pyramyd-editions.com

Traduction : Claire Rascle
Correction : Paula Gouveia-Pinheiro
Photographie en couverture : Claire Pepper (www.clairepepper.co.uk)

ISBN : 978-2-35017-161-6
Dépôt légal : 1er semestre 2009
Imprimé à Singapour

« Les modes passent, le style est éternel. »

Yves Saint Laurent

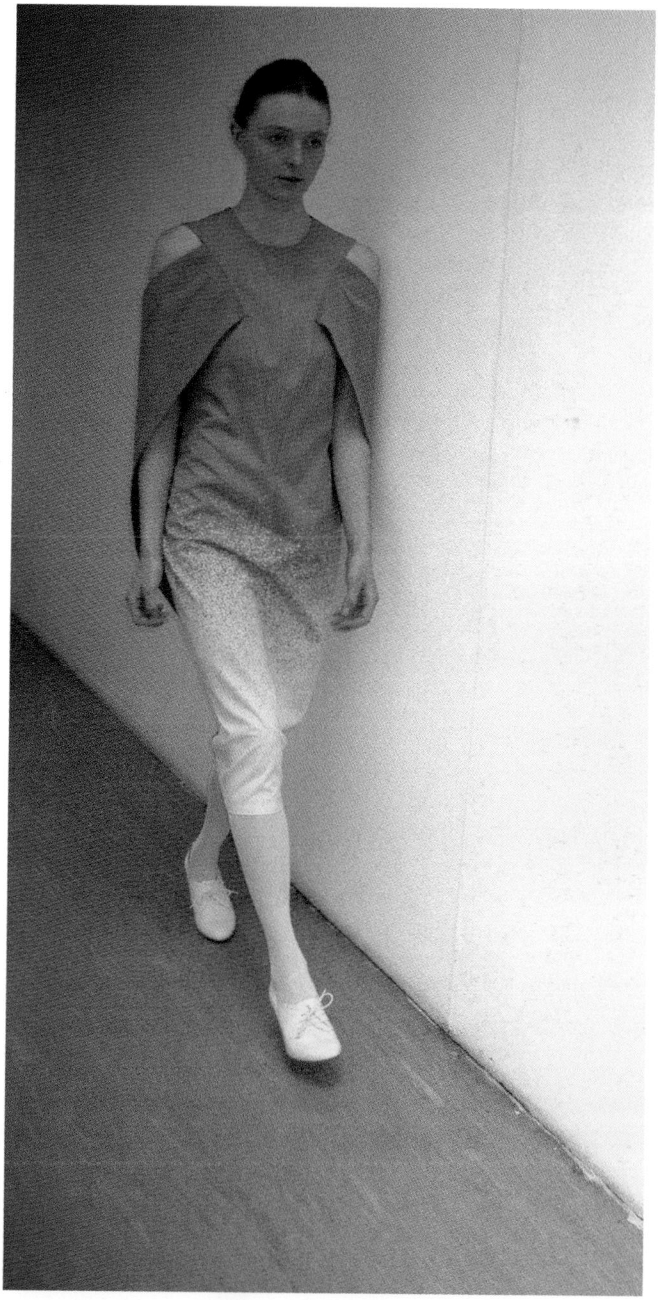

1 Création de Louise Henriksen.

à DYNaMIC

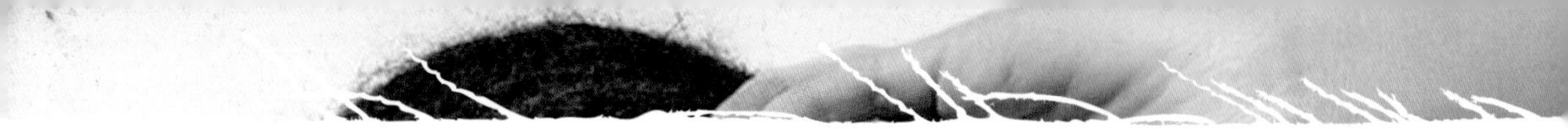

Introduction

« Harmonies de tissus, de couleurs et d'inspiration, les vêtements s'accompagnent les uns les autres au début d'une saison, chacun inspirant l'autre. »

Michele Manz, directrice de la ligne pour femmes chez Converse par John Varvatos

1 Création de la collection Ink Blot Test de Sandra Backlund.

Cet ouvrage est destiné au créateur textile ainsi qu'au styliste, et plus particulièrement les stylistes qui réfléchissent au rendu sur le corps de l'échelle d'un motif, au comportement du tissu grâce au drapé ou à la structure ainsi qu'à la coupe et à la finition du tissu.

Cet ouvrage s'efforce d'aborder tout ce que vous devez savoir sur les textiles dans l'univers de la mode. Il propose d'abord un bref historique des textiles, qui met en avant certains liens avec l'innovation technique et les développements sociaux. Il se penche ensuite sur les procédés de création des textiles, en abordant les questions éthiques et de durabilité qui touchent l'industrie du textile aujourd'hui. Cet ouvrage propose également des informations pratiques sur la production des fibres ainsi que sur les techniques de teinture et de finition. Il aborde la transformation des fibres en tissus grâce aux techniques de fabrication, telles que le tissage et le tricot, et d'autres procédés plus innovants. Il se penche ensuite sur le traitement de la surface des textiles, dont l'impression, la broderie et l'ornement, puis étudie comment les couleurs et les tendances peuvent influencer les textiles et la mode. Le dernier chapitre de ce livre propose des informations pratiques sur l'utilisation des textiles dans le stylisme, le choix, la coupe et la couture des tissus. La dernière partie interviewe également des stylistes et créateurs de textiles et explore leur travail et la manière dont ils utilisent les textiles.

Le texte de cet ouvrage s'appuie sur des exemples visuels de confections et de textiles, de créateurs de textiles superbes. J'espère que leur travail vous inspirera et que vous prendrez plaisir à lire cet ouvrage.

1

Bien utiliser ce livre

Cet ouvrage présente différents aspects des textiles et de la mode au fil de chapitres dédiés. Chaque chapitre comporte de nombreux exemples de projets réalisés par des stylistes de renom.

Ces illustrations sont accompagnées de notes explicatives.

Une navigation claire
Chaque chapitre est surmonté d'un bandeau qui permet au lecteur de se repérer plus facilement.

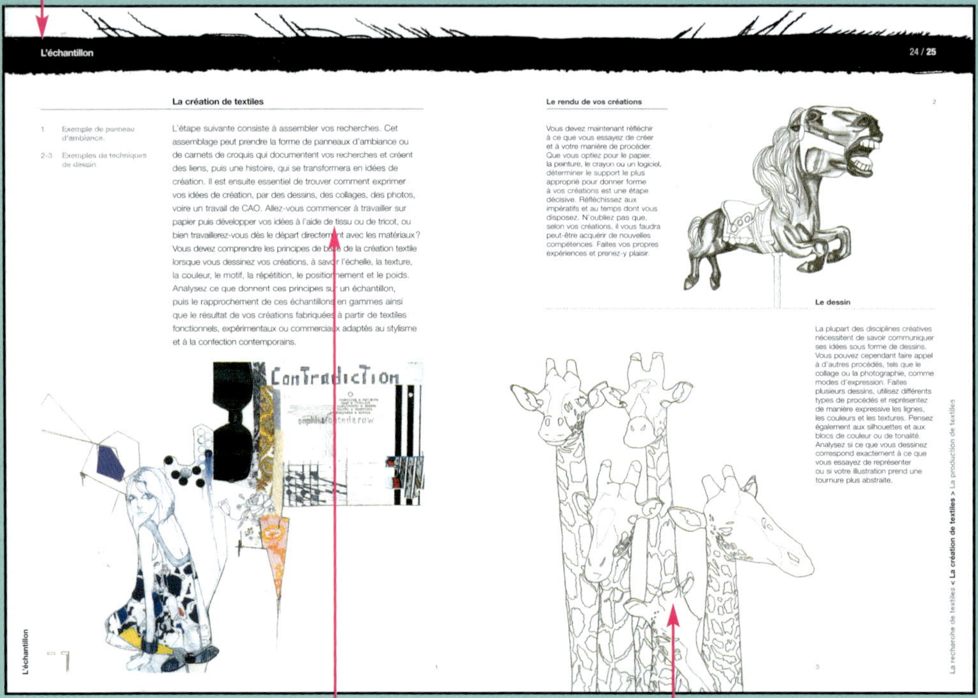
L'échantillon

24 / 25

La création de textiles

1 Exemple de panneau d'ambiance.

2-3 Exemples de techniques de dessin.

L'étape suivante consiste à assembler vos recherches. Cet assemblage peut prendre la forme de panneaux d'ambiance ou de carnets de croquis qui documentent vos recherches et créent des liens, puis une histoire, qui se transformera en idées de création. Il est ensuite essentiel de trouver comment exprimer vos idées de création, par des dessins, des collages, des photos, voire un travail de CAO. Allez-vous commencer à travailler sur papier puis développer vos idées à l'aide de tissu ou de tricot, ou bien travaillerez-vous dès le départ directement avec les matériaux ? Vous devez comprendre les principes de base de la création textile lorsque vous dessinez vos créations, à savoir l'échelle, la texture, la couleur, le motif, la répétition, le positionnement et le poids. Analysez ce que donnent ces principes sur un échantillon, puis le rapprochement de ces échantillons en gammes ainsi que le résultat de vos créations fabriquées à partir de textiles fonctionnels, expérimentaux ou commerciaux adaptés au stylisme et à la confection contemporains.

Le rendu de vos créations

Vous devez maintenant réfléchir à ce que vous essayez de créer et à votre manière de procéder. Que vous optiez pour le papier, la peinture, le crayon ou un logiciel, déterminer le support le plus approprié pour donner forme à vos créations est une étape décisive. Réfléchissez aux impératifs et au temps dont vous disposez. N'oubliez pas que, selon vos créations, il vous faudra peut-être acquérir de nouvelles compétences. Faites vos propres expériences et prenez-y plaisir.

Le dessin

La plupart des disciplines créatives nécessitent de savoir communiquer ses idées sous forme de dessins. Vous pouvez cependant faire appel à d'autres procédés, tels que le collage ou la photographie, comme modes d'expression. Faites plusieurs dessins, utilisez différents types de procédés et représentez de manière expressive les lignes, les couleurs et les textures. Pensez également aux silhouettes et aux blocs de couleur ou de tonalité. Analysez si ce que vous dessinez correspond exactement à ce que vous essayez de représenter ou si votre illustration prend une tournure plus abstraite.

La recherche de textiles < La création de textiles > La production de textiles

L'échantillon

Les introductions
Les introductions, au début de chaque chapitre, indiquent les grandes lignes des concepts qui seront développés plus loin.

Les exemples
Les projets de créateurs contemporains donnent vie aux concepts étudiés.

Les informations complémentaires
Les encadrés précisent certains points abordés dans le texte principal.

Les en-têtes
Ils permettent au lecteur de décomposer le texte et de se reporter plus facilement aux rubriques qui l'intéressent.

Les légendes
Des notes explicatives guident le lecteur dans sa découverte des illustrations.

Les couleurs et les tendances

118 / **119**

Kaki
Durant l'occupation coloniale de l'Inde, l'armée britannique teignait les tuniques estivales de ses troupes en un jaune marron terne de camouflage. Ce ton neutre s'est vu attribuer le nom de « kaki ». Le terme trouve son origine au milieu du XIXe siècle, dérivé du terme urdu kaki, signifiant « couleur poussière » et du terme perse *kak*, qui signifie « poussière ».

Les saisons

Les couleurs peuvent également être saisonnières. Les saisons froides appellent à des couleurs plus foncées, telles que le noir, le marron et les couleurs de boue. Les couleurs deviennent plus claires et pâles lorsque les saisons se réchauffent, puis plus vives et éclatantes lorsque le soleil se fait plus intense. Le soleil rend plus blanches les couleurs pâles. Si vous devez créer une collection pour des pays chauds, utilisez donc plutôt une palette de couleurs vive, comme les palettes de couleurs des tissus africains ou des chemises hawaiiennes.

Le référencement des couleurs

Les couleurs doivent être constantes d'une fibre ou d'un tissu à l'autre. Les divers types de tissus requièrent des types de colorants différents, qui peuvent même être produits dans des pays différents. Pour que la couleur d'un textile reste constante de la phase de conception jusqu'à son développement et sa fabrication, les entreprises ont souvent recours à un système de référencement des couleurs. Les systèmes colorimétriques Pantone et Munsell constituent des références communes pour l'échantillonnage des couleurs. Chaque couleur est référencée par un numéro qui lui est propre. Plutôt que d'essayer de décrire les couleurs, les nombres permettent d'identifier les teintes. Les nuanciers Pantone® sont organisés de manière chromatique par familles de couleurs. Ils comptent 1 925 couleurs. Ils constituent une précieuse ressource, mais sont relativement onéreux et doivent être remplacés dès que les couleurs commencent à faner et à engendrer des référencements incorrects. Observée sous différentes conditions d'éclairage, une couleur peut prendre une autre teinte. Un éclairage à incandescence projette une nuance jaune, tandis qu'une lampe halogène crée une nuance bleue.

Les couleurs et le client

Les couleurs sont très importantes en stylisme et en création textile. Lorsqu'un client entre dans une boutique, il est en principe attiré par la couleur d'un vêtement. Ensuite, éventuellement, il s'en approche pour le toucher, et enfin l'essaye pour juger de la coupe.

Dans toute collection, les couleurs sûres sont en général le noir, le bleu marine, le blanc, le mastic et le kaki. Les acheteurs porteront souvent leur choix sur des vêtements de ces couleurs-là, car elles représentent les couleurs de base de la plupart des garde-robes. Il peut parfois s'avérer astucieux de proposer des couleurs de base et de leur additionner des couleurs saisonnières expérimentales. Ces couleurs apporteront davantage de vivacité à votre collection et outre les indémodables, elles inciteront le client à acheter chaque saison des tenues aux nouvelles couleurs.

La couleur de peau peut également influer sur le choix de la couleur d'un vêtement. Les peaux brunes sont parfaites pour les couleurs vives et éclatantes, tandis que les couleurs plus douces conviennent davantage aux peaux plus pâles.

1 Palette de couleurs créée par Justine Fox pour la collection Chloé printemps-été 2008. Copyright Global Color Research Ltd.

2 Défilé Chloé, collection printemps-été 2006. Catwalking.com.

3 Nuancier Pantone®.

Les couleurs et les tendances

Les couleurs > La prévision des tendances

Les titres de chapitre
Les titres de chapitre sont indiqués verticalement sur chacune des pages pour permettre au lecteur de s'orienter plus facilement et de mieux comprendre le contexte dans lequel s'inscrit le texte.

Les titres de bas de page
Ils permettent au lecteur de s'orienter plus facilement dans le livre en indiquant, en gras, la partie en cours de lecture ainsi que la précédente et la suivante.

1 Défilé Balenciaga automne-hiver 2007 Catwalking.com.

« Je m'inspire des gens, de la musique, des films, des rues de Londres, de Paris ou de New York. L'énergie formidable qui se dégage lorsque l'on rencontre des personnes amusantes, que l'on participe à un grand événement, tout me nourrit, d'une manière ou d'une autre. »

Valentino dans *Fashion: Great Designers Talking,* d'Anna Harvey

Il est essentiel de prendre en compte la fonction du textile que vous créez avant de commencer. Que recherche-t-on ? Ses qualités esthétiques, son drapé, sa tenue, sa texture, sa couleur, son motif, l'intérêt de sa surface, ou bien sa fonction, la manière dont il s'étirera sur le corps ou dont il pourra être travaillé ? Sera-t-il utilisé pour ses qualités protectrices, contre la pluie ou le froid peut-être ? Grâce au développement des nanotextiles, les textiles peuvent être dotés de fonctions plus avancées : un tissu peut déposer un médicament sur la peau ou constituer un mode de communication, sa couleur changeant en fonction de l'humeur ou de la chaleur du corps de la personne qui le porte.

Il est utile d'avoir une certaine connaissance de l'histoire du développement et de l'utilisation des textiles, par exemple comment divers tissus et techniques se sont imposés dans la mode occidentale. Il est également intéressant d'observer la manière dont les textiles sont exploités pour habiller le corps dans différentes cultures.

La création de textiles peut tirer son inspiration de toutes sortes de sources. La couleur, la texture, le motif et l'échelle peuvent s'imprégner de cette inspiration. Réfléchissez à la manière dont vous pourriez entamer votre processus de création : quels moyens pourriez-vous utiliser (peinture, crayon, ordinateur) et sur quelle surface pourriez-vous travailler ?

Lorsque vous avez conçu une gamme de textiles, il vous faut penser à comment vous pourriez vendre ou produire votre idée, sous la forme d'une pièce de tissu ou d'un vêtement.

La recherche de textiles

Comme pour tout processus créatif, la création de textiles implique d’observer ce qui se passe dans le monde de la mode (recherches dites secondaires). Cette observation vous permet de cibler votre création. Souhaitez-vous vous rapprocher de ce qui se fait en ce moment, suivre une tendance et être au cœur de la mode ou adopter une approche plus expérimentale et lancer une nouvelle tendance ou une nouvelle mode ?

Quel que soit votre choix, vous devez également vous appuyer sur des recherches originales (dites « primaires ») afin que vos créations soient innovantes, et non de simples copies de ce qui se passe autour de vous. Dans le domaine du textile, les recherches originales peuvent s’inspirer de tout : costumes historiques, galeries, nature, architecture, livres, Internet, voyages, etc. Vos recherches doivent pouvoir vous inspirer des images, des motifs, des textures, des couleurs et des silhouettes.

Bref historique des textiles

Toile peinte
Tissu peint à la main.

Chint
Terme hindou désignant une toile peinte aux couleurs vives. Ce terme a donné naissance au nom « chintz ».

L’histoire nous enseigne quels types de textiles étaient populaires selon les époques, en principe en rapport avec une forme de progrès technologique ou de tendance de la société.

Tout au long de l’histoire des textiles, certains motifs et tissus se sont répétés. Ces textiles deviennent des classiques et certains classiques jouissent d’une popularité constante, sous quelque forme que ce soit (les pois, les rayures, les motifs floraux, par exemple). D’autres classiques passent de mode puis reviennent à la mode, comme le motif paisley. Il est intéressant de se pencher sur un classique de la création textile et d’analyser ce qui lui confère un caractère intemporel, puis d’essayer de le réinventer.

1-2 Les motifs de toile de Jouy représentaient à l’origine des scènes pastorales rendues avec finesse en monochrome et répétées sur un fond clair. Sur ces exemples, Timorous Beasties s’est inspiré des paysages urbains modernes de Londres pour produire un motif de toile de Jouy contemporain.

Les années 1600

1

2

Le gouvernement français soutient le développement de l'industrie de la soie à Lyon. De nouvelles technologies de métier à tisser et de nouvelles techniques de teinture sont développées pour produire de la soie d'une grande qualité, surpassant les soies italiennes, qui avaient dominé le XVIe siècle. La période rococo du XVIIe siècle est marquée par la mode des robes très décoratives. L'une des retombées de cette tendance, la chinoiserie, s'inspire des cultures et techniques orientales. Les motifs sont asymétriques, en majeure partie de style oriental, et exotiques de par la combinaison des couleurs. Les kimonos japonais deviennent très populaires et sont importés par la Compagnie néerlandaise des Indes orientales. Cette société importe également d'Inde un coton imprimé à la main, le chintz. Le prix modeste de ce tissu, sa vivacité et la tenue de ses couleurs le rendent populaire. Cette popularité représente une telle menace pour les industries textiles françaises et britanniques que l'importation ainsi que le port de ce tissu sont interdits.

Les années 1700

1-2 Veste pour femme des années 1800, en tissu noir teint doublé d'un coton aux petits imprimés provençaux.

Au début des années 1700, les soies dites « bizarres » sont à la mode. Les formes de plantes exotiques qu'elles arborent découlent de l'influence de la culture orientale. Elles laissent la place aux motifs de dentelle, puis aux motifs à fleurs somptueux dans les années 1730 et peu à peu à des bouquets de fleurs plus discrets.

En 1759, l'interdiction qui portait sur les indiennes de coton (chintz) est levée et l'industrie textile française prospère de nouveau. À Jouy, une usine devient célèbre pour son coton imprimé, la toile de Jouy.

Madame de Pompadour porte des soieries dites « chinées à la branche » ou appelées « taffetas Pompadour ». L'effet tâche d'eau de cette soie est obtenu en imprimant la chaîne avant de tisser le tissu. Au XVIIIe siècle, l'Angleterre domine la mode masculine grâce à la supériorité de son industrie de fabrication de la laine et à l'habileté de ses tailleurs, tandis que la France domine la mode féminine.

À la fin du XVIIIe siècle, une mode plus simple que le style rococo se répand dans la confection pour femmes. Elles portent des robes de fin coton blanc, inspirées de l'antiquité grecque et romaine, avec peu, ou pas, de sous-vêtements. En hiver, les femmes portent des châles de cachemire par-dessus. Le châle est rapporté par Napoléon de sa campagne égyptienne de 1799. Le châle en cachemire provient de la région du Cachemire, au nord-ouest de l'Inde. La laine de chamois est filée pour produire un tissu léger, doux et chaud de grande qualité. Ces châles sont par conséquent très onéreux. Dans les années 1840, le châle en cachemire est très prisé. Il est fabriqué par des industries modestes en France et en Grande-Bretagne. En Écosse, Paisley produit un châle bien moins onéreux. Le motif est ainsi associé à cette région.

Jacquard
Tissu fabriqué sur un métier à tisser Jacquard, du nom de son inventeur français, Joseph M. Jacquard, tisseur (1787-1834).

1

Les années 1800

Lorsque Napoléon est couronné empereur en 1804, il exige que les habits de cérémonie soient faits de soie et non de coton. Les petites impressions fleuries marquent la période romantique au tournant du XIXe siècle. Elles sont appréciées pour leurs qualités esthétiques mais aussi car ces petits motifs permettent de masquer facilement les tâches et les défauts de fabrication.

En 1834 est inventée l'impression à la perrotine, utilisée pour la production de masse des tissus. Ce procédé consiste à mécaniser l'impression à la planche de bois et permet l'utilisation de motifs multicolores.

Il est désormais possible de produire des motifs polychromes, jusqu'alors produits par tissage d'étoffes, grâce à une méthode d'impression moins onéreuse.

Le XIXe siècle voit également la mécanisation de la fabrication de la dentelle. Les grands châles en dentelle fabriqués à Valenciennes et Alençon deviennent populaires.

Dans les années 1830, le jacquard est courant. Il est fabriqué sur un métier à tisser à jours mécanisé, qui permet de tisser des motifs et des structures plus sophistiqués.

À la fin du XIXe siècle, les progrès technologiques et la mécanisation sont jugés par certains comme responsables de la baisse de la qualité des créations et de leur réalisation. Alors que jusque-là l'artisan était à la fois créateur et fabricant, la mécanisation du procédé sépare les deux rôles. Les textiles sont de piètre qualité et peu originaux.

En Grande-Bretagne, William Morris s'inquiète de cette situation et encourage la fabrication artisanale plutôt que la fabrication sur machines. Il crée des textiles sur des thèmes naturalistes et médiévaux, qu'il préfère teindre à la main qu'avec des colorants d'aniline. Il fut le membre le plus éminent du mouvement Arts and Crafts en Angleterre. Le mouvement Arts and Crafts a donné naissance à l'Art nouveau. Les textiles deviennent plus stylisés et leurs motifs linéaires plus travaillés.

Suite à l'ouverture du marché japonais au commerce international en 1854, le style japonais intègre le marché occidental. Les motifs et fleurs d'orient, tels que le motif ayame (fleur de la famille des iris) et le chrysanthème, font leur apparition dans la création textile.

Les produits laqués japonais inspirent la création de tissus lamés brillants. La tarlatane, coton tissé fin et uni, rincé ou imprimé avec un apprêt amidonné, est populaire dans les années 1860.

2

Les années 1900

Omega Workshops, à Londres, et l'école d'arts décoratifs Atelier Martine, à Paris, voient le jour au cours des premières décennies du xxe siècle. L'Atelier Martine est fondé par le couturier Paul Poiret, suite à sa visite de l'école Wiener Werkstätte en Allemagne. Il emploie des jeunes filles sans formation créative qui produisent des textiles d'une grande naïveté. Cette approche et cet aspect font écho aux mouvements fauviste et cubiste des beaux-arts de l'époque.

1

Les années 1920

Après la découverte de la tombe de Toutankhamon en 1922, les motifs égyptiens inspirent la création de textiles. Le style Art déco naît de l'Exposition internationale des arts décoratifs et industriels modernes de Paris en 1925. La forme kimono et les vêtements orientaux non structurés influencent la mode des vêtements plus amples. Madame Vionnet développe la coupe en biais, tandis que Mariano Fortuny crée la robe Delphos, plissée et déstructurée, inspirée des vêtements classiques.

À l'époque des Années folles et du jazz (années 1920), les nouvelles danses à la mode inspirent la création de robes en tissus fluides ou donnant cet effet sous la lumière, grâce à l'utilisation de tissus fins et légers, de perles, de paillettes et de franges. En cette période de prestige et d'élégance, la dentelle, la fourrure et les plumes sont couramment portées le soir. La rayonne viscose est populaire dans les années 1920. C'est également à cette époque que l'impression au cadre se développe.

2

Les années 1930

1 Manteau long de soirée, en jersey de soie, noir à fleurs de soie rose appliquées. Création d'Elsa Schiaparelli en collaboration avec Jean Cocteau, Londres, 1937.

2 Robe de soirée Delphos en soie plissée noire, ornée de perles en verre de Venise. Création de Mariano Fortuny, Venise, environ 1920.

Dans les années 1920 et 1930, les robes de jour de Coco Chanel sont en jersey. C'est une révolution car jusqu'alors, ce tissu n'était utilisé que pour la fabrication de sous-vêtements. Les motifs floraux, abstraits et géométriques sont à la mode, imprimés en deux teintes contrastées, voire davantage. Avec le développement du cinéma, les tissus somptueux sont prisés pour leur éclat à l'écran. Le nylon est inventé en 1935. Les étoffes tissées extensibles en long et en large sont également créées à cette époque.

Le surréalisme influence également l'industrie textile. Le premier pull qu'Elsa Schiaparelli met en vitrine fait sensation : un tricot noir avec un nœud blanc en trompe l'œil. Très proche des artistes Salvador Dalí, Jean Cocteau et Christian Bérard, elle les charge de créer des motifs de tissu et de broderie pour ses robes. Elsa Schiaparelli introduit des tissus inhabituels dans ses créations, tels que la rayonne, le vinyle ou la cellophane.

Les années 1940

Le tissu fait l'objet de rationnements pendant la Seconde Guerre mondiale. Par conséquent, on économise sur la quantité de tissu utilisée pour chaque vêtement. Les jupes, par exemple, sont étroites et non plus évasées ou plissées, et plus courtes, les vestes droites et les pantalons d'une longueur précise. C'est l'époque du raccommodage et du recyclage des textiles. Les robes sont découpées dans les rideaux, les vêtements retouchés, les tricots défaits puis retricotés. Les importations de soie du Japon cessent pendant la guerre. Le nylon s'impose donc. La France étant sous l'occupation, Paris voit son statut de capitale de la mode menacé. Les modes américaines gagnent ainsi en popularité : les tenues d'ouvriers en Denim et guingan font leur apparition sur le marché du prêt-à-porter américain.

Les années 1950

La période de l'après-guerre est marquée par un rejet des motifs d'ornement. Les textiles représentent des images futuristes, des diagrammes scientifiques et des formes abstraites vives. Les textiles aux dessins linéaires d'objets domestiques innovants sont également très en vogue.

Les jupes se font plus amples avec la fin du rationnement. Conséquence de l'influence américaine sur l'Europe, les chemises hawaïennes et les imprimés américains deviennent de plus en plus à la mode.

Dans une approche visant à explorer l'espace entre le corps et le vêtement, certains couturiers, tels que Balenciaga, créent des silhouettes détachées du corps. Pour ces applications, des tissus moins souples conviennent mieux.

De nouveaux tissus sont mis au point au cours des années 1950, parmi lesquels :

- l'acrylique (1950) ;
- le polyester (1953) ;
- l'élasthanne (1959).

1 Tissu d'ameublement Calyx. Lin imprimé au cadre. Création de Lucienne Day pour le Festival of Britain en 1951. Fabriqué par Heal's (1951).

2 Minirobe Paco Rabanne en paillettes de Plexiglas et chaînettes métalliques.

Les années 1960

Les baby-boomers arrivent à l'adolescence et veulent se démarquer de leurs parents, en choisissant des jupes plus courtes et des modes modernes. Les textiles sont farfelus et bariolés. La conquête de l'espace inspire des imprimés vifs et de nouveaux tissus synthétiques aux couleurs innovantes sont en cours de développement. Pierre Cardin et Paco Rabanne expérimentent des procédés de fabrication modernes novateurs.

Le pantalon devient la tenue de jour habituelle des femmes. Les jeans deviennent également très populaires, en particulier chez les adolescents, influencés par les westerns américains et les stars de cinéma telles que James Dean.

La fin des années 1960 est marquée par une nostalgie des périodes Art déco et Art nouveau. L'imagerie est agrandie et traduite en couleurs éclatantes et psychédéliques. Les motifs fleuris sont représentés plus plats avec des couleurs vives. L'expression « flower power » fait son apparition. Le travail du créateur finlandais Marimekko illustre parfaitement cette tendance.

2

1

Les années 1970

Le mouvement populaire hippie unisexe naît en réaction contre le modernisme et le consumérisme de masse des années 1960. Ce mouvement recherche une inspiration et une élévation dans les cultures et religions non occidentales. Les hommes à la mode portent des couleurs vives, de la dentelle et des jabots.

La crise pétrolière des années 1970 participe au déclin du marché des fibres synthétiques en Grande-Bretagne, au profit des fibres naturelles, de plus en plus utilisées. Au Royaume-Uni, Laura Ashley produit un coton aux motifs floraux de style victorien semblant être imprimé à la main.

Les années 1980

Le Royaume-Uni retrouve une stabilité politique et économique, et la mode en fait autant, en adoptant une approche plus conservatrice. En 1979, Margaret Thatcher devient la première femme Premier ministre de Grande-Bretagne. Davantage de femmes travaillent et adoptent le tailleur aux épaules larges. L'expression anglaise « power dressing » apparaît. Une certaine conscience du corps encourage une tendance à porter le sous-vêtement par-dessus le vêtement. On n'oubliera pas la célèbre guêpière conique créée par Gaultier pour Madonna à l'occasion de sa tournée mondiale en 1990.

Azzedine Alaïa et Bodymap travaillent sur le Lycra, tissu extensible qui dessine le contour du corps. Une autre tendance prend de l'ampleur, lancée par les créateurs japonais Rei Kawakubo et Yohji Yamamoto. Les vêtements ne jouent pas sur la conscience du corps mais sur des coupes intéressantes. Les tissus sont monochromes, non décoratifs et parfois déchirés ou bruts. Le coton recyclé est également introduit.

2

Les années 1990

La tendance lancée par les créateurs japonais s'affirme et est également relayée par quelques créateurs belges, parmi lesquels Martin Margiela. Il travaille de manière conceptuelle et cherche à ce que ses vêtements aient l'air faits main et non le résultat d'une production de masse. Il s'appuie sur la déconstruction et le recyclage au fil de ses collections. Le jean déchiré et la personnalisation deviennent courants.

Les années 2000

Les textiles se font plus décoratifs avec la délocalisation de la production vers l'Extrême-Orient et la Chine.

Les usines peuvent apporter de la valeur ajoutée aux textiles par l'ornementation. Les ouvriers sont compétents (travaillant souvent selon des techniques locales) et la production du tissu est économique. Des tissus modernes se développent, photosensibles et respirables. La conception et la fabrication assistées par ordinateur sont monnaie courante. Le créateur contrôle désormais davantage le processus de mécanisation. Cependant, les compétences artisanales disparaissent de ce fait en Europe.

1 Création textile des années 1970.

2 Sélection de patrons des années 1960 aux années 1990.

1

2

Différentes cultures

En observant d'autres cultures, nous pouvons constater la diversité d'utilisation des textiles traditionnels. Au Japon, le kimono est fabriqué à partir de pièces de soies fines tissées et subit très peu de découpes afin de mettre en évidence la structure de l'étoffe. Le contraste avec les modes occidentales des XVIe et XVIIe siècles est frappant. Un vêtement aux coutures, pinces et panneaux apparents était extrêmement prisé, car cela signifiait que sa fabrication était onéreuse et que son propriétaire était suffisamment fortuné pour s'offrir une telle tenue.

Il est intéressant d'étudier d'autres pays et leurs textiles faits main traditionnels pour s'en inspirer et comprendre comment appliquer ces techniques aux textiles modernes.

1 Créations textiles indiennes.

2 Fabrication manuelle de textiles au Cambodge.

3-4 Exemples de panneaux de recherche.

3

Inspiration non classique

Certains textiles expérimentaux naissent non pas de l'étude de textiles existants, mais sont inspirés par des sujets d'observation radicalement différents, tels que la nature ou l'architecture, les beaux-arts ou la culture contemporaine.

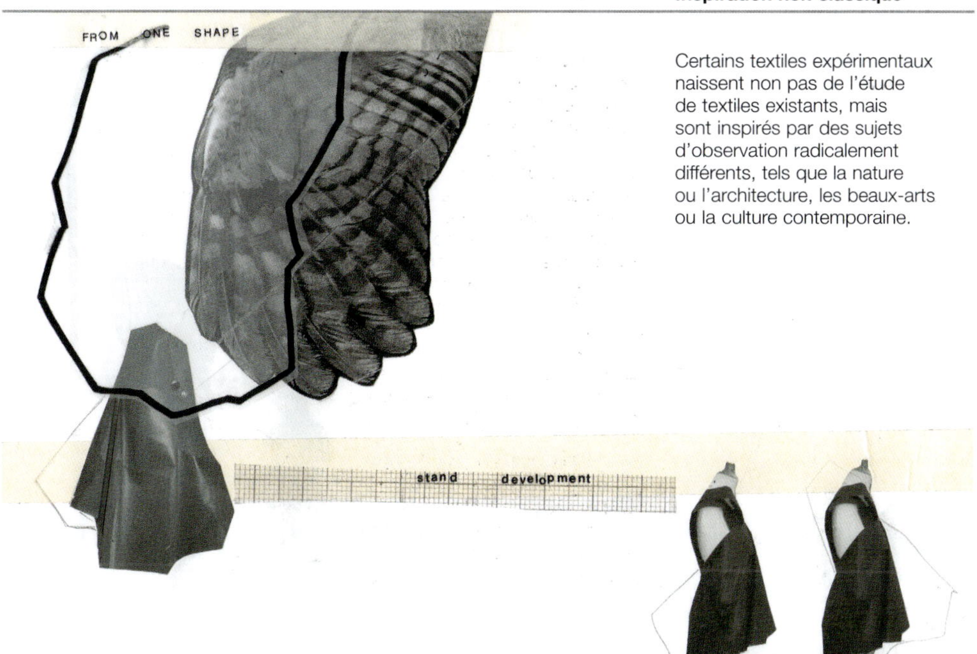

4

La création de textiles

1 Exemple de panneau d'ambiance.

2-3 Exemples de techniques de dessin.

L'étape suivante consiste à assembler vos recherches. Cet assemblage peut prendre la forme de panneaux d'ambiance ou de carnets de croquis qui documentent vos recherches et créent des liens, puis une histoire, qui se transformera en idées de création. Il est ensuite essentiel de trouver comment exprimer vos idées de création, par des dessins, des collages, des photos, voire un travail de CAO. Allez-vous commencer à travailler sur papier puis développer vos idées à l'aide de tissu ou de tricot, ou bien travaillerez-vous dès le départ directement avec les matériaux ? Vous devez comprendre les principes de base de la création textile lorsque vous dessinez vos créations, à savoir l'échelle, la texture, la couleur, le motif, la répétition, le positionnement et le poids. Analysez ce que donnent ces principes sur un échantillon, puis le rapprochement de ces échantillons en gammes ainsi que le résultat de vos créations fabriquées à partir de textiles fonctionnels, expérimentaux ou commerciaux adaptés au stylisme et à la confection contemporains.

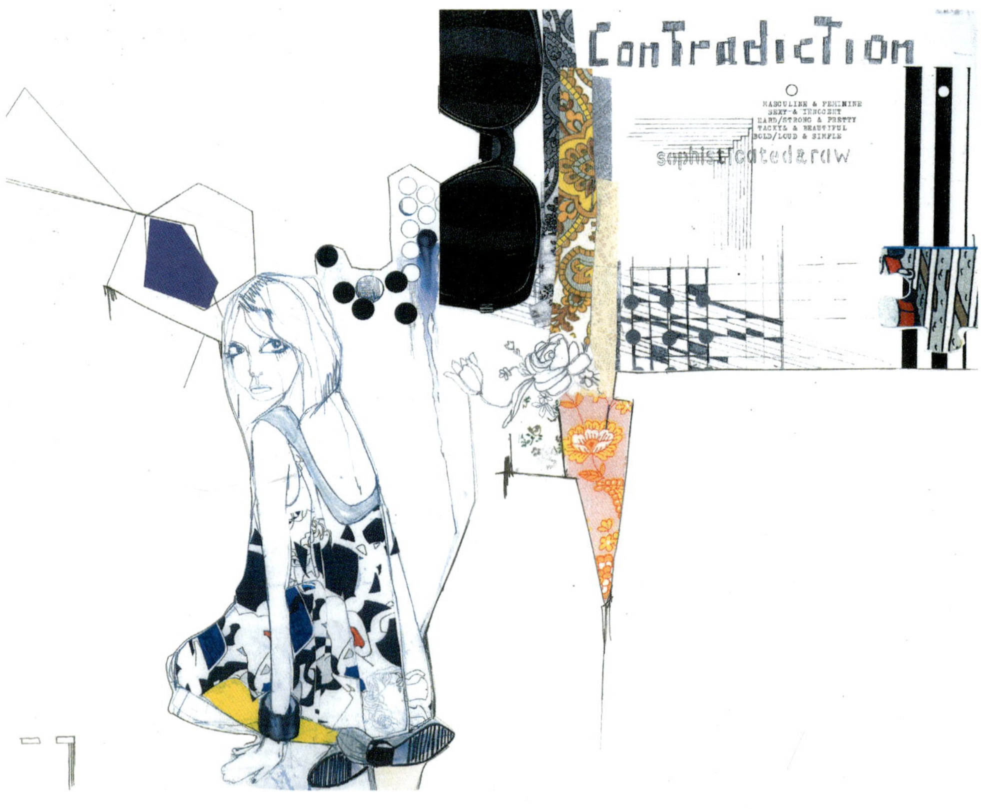

1

Le rendu de vos créations

Vous devez maintenant réfléchir à ce que vous essayez de créer et à votre manière de procéder. Que vous optiez pour le papier, la peinture, le crayon ou un logiciel, déterminer le support le plus approprié pour donner forme à vos créations est une étape décisive. Réfléchissez aux impératifs et au temps dont vous disposez. N'oubliez pas que, selon vos créations, il vous faudra peut-être acquérir de nouvelles compétences. Faites vos propres expériences et prenez-y plaisir.

2

Le dessin

La plupart des disciplines créatives nécessitent de savoir communiquer ses idées sous forme de dessins. Vous pouvez cependant faire appel à d'autres procédés, tels que le collage ou la photographie, comme modes d'expression. Faites plusieurs dessins, utilisez différents types de procédés et représentez de manière expressive les lignes, les couleurs et les textures. Pensez également aux silhouettes et aux blocs de couleur ou de tonalité. Analysez si ce que vous dessinez correspond exactement à ce que vous essayez de représenter ou si votre illustration prend une tournure plus abstraite.

3

Le collage et le rendu 3D

L'utilisation de divers types de papiers et la création de couches peuvent vous aider à créer des textures pour vos idées de maille ou de tissage. Essayez de trouver des textures inhabituelles avec lesquelles travailler, sans perdre de vue la fonction de votre tissu. Vous pouvez éventuellement essayer de créer un échantillon, de fabrication similaire au fil que vous pourriez utiliser en définitive.

1 Exemple de collage.

2 Collection Tata-Naka automne-hiver 2007, composée de textiles créés par CAO et imprimés en numérique.

1

2

La CAO

La CAO signifie conception assistée par ordinateur. Le recours à l'ordinateur peut accélérer le processus de création. Vous pouvez changer de couleur ou d'échelle plus rapidement qu'à la main. Rappelez-vous que les couleurs qui s'affichent à l'écran diffèrent des couleurs imprimées, car l'écran d'ordinateur fonctionne sur la base de la lumière et non de pigments. Vous pouvez également numériser des dessins originaux et les associer à d'autres images. Évitez d'utiliser les filtres ou traitements que vous proposent certains logiciels de conception, à moins qu'ils ne soient utilisés à l'origine.

La photographie

Vous pouvez vous servir de la photographie pour capturer rapidement des idées. Vous pouvez enregistrer en un instant les détails des textures et des formes sans passer des heures à dessiner. Grâce à certains logiciels, tels que Photoshop, vous pouvez désormais traduire des images en créations. Vous pouvez superposer des couches et des collages à l'écran.

1

Les principes de base

En tant que styliste, vous devez impérativement comprendre les principes de base de la création textile. Ces connaissances vous permettront d'explorer en détail le processus de création. De toute évidence, certains principes se révéleront davantage que d'autres selon les échantillons. Vous pourriez, par exemple, produire une série d'échantillons noirs pour étudier l'application de surfaces brillantes sur des étoffes mattes. La juxtaposition de certaines surfaces et le positionnement des motifs peuvent constituer l'intérêt principal de vos créations, plutôt que la couleur.

L'échelle

Observez l'échelle de votre motif sur la pièce de tissu. Est-il petit et répété ou agrandi et abstrait ? Vous pourriez éventuellement juxtaposer un grand motif et un plus petit pour davantage de contraste. Réfléchissez au rendu de ce motif sur le corps et sur chaque pièce du vêtement. Un grand motif percutant perdra de son impact s'il doit être coupé afin d'être utilisé pour un vêtement comportant de nombreuses pièces. Réfléchissez à la manière dont vous pouvez positionner un grand motif sur la silhouette d'un vêtement afin d'obtenir l'effet idéal.

1 Exemple démontrant l'effet de l'échelle d'impression sur le corps.

2-3 Imprimés Liberty créés par Duncan Cheetham, avec motifs floraux all-over (en haut) et chevrons (en bas). L'imprimé à chevrons a un « sens », un haut et un bas évidents.

Le motif et la répétition

2

3

Pour réussir le rendu de votre échantillon sur toute la longueur d'une pièce de tissu, vous devez réfléchir à sa répétition. Les répétitions peuvent être d'une grande simplicité ou extrêmement sophistiquées sur une grande surface. Plus la répétition est grande, plus il est difficile de la distinguer sur un métrage de tissu. Une petite répétition est plus évidente. Il est important d'observer le flux des motifs sur le métrage. Lorsque vous répétez en masse votre motif, l'endroit même de la répétition peut devenir clairement évident. Le résultat peut être satisfaisant pour certaines créations, ou grossier pour d'autres.

Demandez-vous également si votre motif a un sens, un haut et un bas. L'effet visuel peut être très intéressant. Néanmoins, ce type de motif limite la disposition du tissu, car les pièces du patron devront toutes être disposées dans le même sens.

Si vous travaillez sur ordinateur, vous pouvez facilement constater le rendu de votre création par simple copier-coller. Certains logiciels permettent également de reproduire votre motif en un instant. Pour tester manuellement le flux de votre motif, coupez-le en deux et placez la moitié supérieure en dessous de la moitié inférieure. Vous vous rendrez ainsi compte des espaces qu'il vous faut combler.

Le positionnement et les motifs placés

Pour un positionnement percutant, placez votre motif sur le vêtement de manière intentionnelle. Le type de positionnement le plus évident est celui d'un imprimé sur le devant d'un tee-shirt. Il est intéressant de réfléchir au placement du motif afin que celui-ci fonctionne sur le vêtement. Est-il possible de décaler une couture afin qu'un motif puisse s'étendre du devant jusqu'au dos du vêtement ? De positionner un motif autour du cou ou d'une emmanchure ? Le motif peut-il tenir en entier sur une pièce particulière du patron ? Si vous optez pour cette approche, il vous faudra peut-être réfléchir à l'augmentation ou la réduction d'échelle du motif placé selon la taille du vêtement. L'encolure d'un vêtement en taille 38 est plus petite que celle du vêtement en taille 42. Pour conserver l'effet, vous devrez produire un motif de taille différente pour chaque taille de vêtement confectionnée. La tâche est nettement facilitée si vous travaillez sur ordinateur. Celui-ci vous permet de mettre à l'échelle les motifs et de les positionner sur les pièces du patron en quelques instants.

Un positionnement réfléchi des motifs peut avoir un impact sur la fabrication du vêtement final. Par exemple, un bloc de couleur tricoté directement sur le vêtement peut vous éviter d'avoir à découper et coudre un panneau de couleur. Intégrer une zone élastique au tissage peut ainsi vous éviter d'avoir à fixer des pinces sur le vêtement final pour qu'il épouse le corps. L'application de smocks sur un tissu fonctionne de manière similaire.

1

La couleur et les coloris

Il est souvent astucieux de commencer par chercher une palette de couleurs qui convienne à votre thème avant de commencer à dessiner votre création. Trouver une image, une photo ou une peinture dans lesquelles les couleurs se marient déjà peut être un bon point de départ. Vous pouvez aussi sélectionner des couleurs et essayer de les harmoniser. Ou bien utiliser des bouts de papier de couleur, des coupons de tissu ou votre ordinateur. Votre palette de couleurs peut comporter autant de couleurs que vous le souhaitez, mais simplifiez-la en évitant d'utiliser trop de couleurs en même temps. Assurez-vous que les couleurs et les tons de votre palette sont équilibrés. Réfléchissez à l'utilisation finale des couleurs et à la quantité que chacune représentera. Rappelez-vous, une petite zone de couleur a un impact bien différent qu'une vaste étendue de la même couleur sur deux mètres de tissu.

À l'étape de création, réfléchissez aux diverses tonalités et aux différents degrés de saturation d'une même couleur. Essayez différentes textures d'une même teinte. Le noir peut être bleuté, chaud, délavé, mat ou brillant. Votre palette changera selon les conditions d'éclairage. La lumière naturelle à certains moments de la journée et diverses sortes d'éclairage électrique auront chacune un effet particulier.

1 Givenchy, collection printemps-été 2008. Les ronds de la veste sont positionnés de manière à correspondre aux ronds du chemisier et du short. Les ronds du devant de la veste sont également alignés sur les ronds des manches et des poignets. Catwalking.com.

2-4 Imprimés de Jenny Udale, exemples d'impression mate sur tissu brillant. Outre l'harmonie des couleurs, les bouillons apportent une texture intéressante à la surface.

2

3

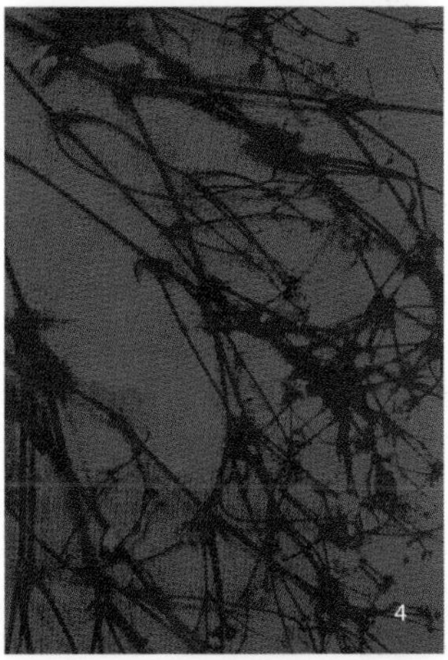
4

Le poids, la texture et la surface

Lorsque vous commencez à transférer vos motifs sur le tissu, ou au cœur même du tissu, réfléchissez au poids du tissu par rapport à votre création ainsi qu'à son utilisation dans le vêtement final. Ce processus implique nécessairement une certaine connaissance des tissus et des fils. (Nous aborderons ce sujet plus loin dans cet ouvrage.)

Demandez-vous si vous pouvez apporter une texture particulière à votre création. L'intérêt d'une surface est très important en création textile, en particulier pour le tricot, la broderie et l'ornement. Lorsque vous concevez un tissu qui sera tricoté ou tissé, le poids du fil ainsi que la taille et le type de point ou d'armure auront un impact sur la texture. Dans le cas des textiles imprimés, l'impression permet de créer une surface d'un intérêt particulier. Certains matériaux d'impression s'appliquent par-dessus le tissu pour créer un effet de relief, tandis que d'autres entament la surface du textile par réaction chimique.

Le type d'ornement ainsi que le fil ou le point utilisé créent différentes textures sur des tissus brodés. Les procédés de finition mécaniques et chimiques peuvent modifier la texture d'un tissu après sa fabrication.

Vous pouvez créer des textiles intéressants en jouant sur le mélange de techniques : par exemple, plisser un tissu avant de l'imprimer ou tricoter un tissu puis le faire bouillir pour lui donner une texture feutrée.

La production de textiles

En tant qu'étudiant, vous serez amené à créer des échantillons de textiles et à développer des idées expérimentales et néanmoins passionnantes. Il vous sera sans doute demandé de produire uniquement un métrage limité de tissu ou une gamme restreinte de vêtements contenant vos tissus. En revanche, lorsque vous serez styliste, vous devrez savoir promouvoir votre travail. Si vous décidez de vous lancer dans la fabrication de vos textiles, vous devrez également prendre en considération les compétences et technologies nécessaires pour la fabrication ainsi que les choix éthiques que vous pourriez être amené à faire. Vous devez réfléchir à l'unité que créent vos textiles, à la manière dont ils forment une collection, puis à qui vous présenterez vos échantillons et où vous les vendrez.

Les collections de tissus

Lorsque vous créez un assortiment de tissus, vous devez réfléchir au rendu de l'ensemble de vos créations, au thème commun. Souhaitez-vous créer une collection de motifs similaires, par exemple une série de textiles rayés, ou une gamme de motifs (rayures, pois ou motifs floraux) qui seront tous rendus par une technique de dessin similaire ? Vos diverses créations fonctionnent-elles en tant que collection de mode ? Disposez-vous de tous les poids, de toutes les qualités nécessaires pour l'ensemble des vêtements ?

Chaque gamme de tissus s'appuie en principe sur une même palette de couleurs. Vous pouvez toutefois varier la proportion de couleur utilisée pour chaque échantillon de la gamme. Essayez de ne pas répéter un motif dans toute une collection de créations. Par exemple, vous pourriez penser que chaque création est très différente, que sur la première, votre motif, une feuille par exemple, est petit et vert citron, et que sur l'autre il est plus grand et noir. Cependant, une société pourrait vous acheter le premier modèle et un autre client le second. Leurs stylistes pourraient ensuite modifier la taille et la couleur de vos motifs et se retrouver avec des créations similaires.

1 Sélection de tissus utilisés pour la collection printemps-été 2008 de Wildlifeworks (voir page 43). Ces tissus bio sont imprimés par procédé numérique. Cette sélection comprend divers poids, textures, broderies et ornements.

1

La présentation

Les échantillons sont en général présentés sur crochets ou simplement fixés sur du carton de couleur claire. Le textile ne doit pas être fixé sur toute sa longueur, car il doit pouvoir être manipulé. Par conséquent, une seule extrémité est en général fixée au support. L'échantillon peut ainsi pendre et son poids et drapé, pleinement observés. Veillez à ce que le plan d'installation soit uni et simple afin qu'il ne détourne pas l'attention de la création textile. Il est en principe déconseillé de présenter vos échantillons sous pochettes plastiques, les tissus ne pouvant ainsi pas être aisément manipulés.

Calendrier des salons professionnels

Paris, France
Février/septembre

Première Vision : met en avant les tissus destinés à l'habillement.

Expofil : salon du fil et des fibres.

Indigo : création textile (imprimés, maille, broderie et tissus classiques).

Le cuir à Paris : cuir, fourrure et textiles pour accessoires.

New York, États-Unis
Janvier/juillet

Première Vision : avant-première.

Milan, Italie
Février/septembre

Ideabiella : collections de tissus pour la confection homme et femme.

Ideacomo : tissus pour la confection femme.

Moda In : matériaux d'avant-garde destinés au marché de la mode.

Prato Expo : tissus destinés à la confection femme haut de gamme et aux vêtements de sport pour homme.

Shirt Avenue : tissus traditionnels et innovants pour la chemise.

Florence, Italie
Janvier/juillet

Pitti Filati : salon du fil.

1

2

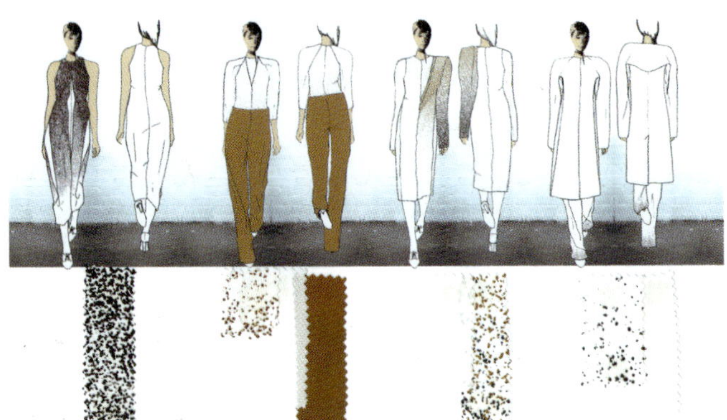

Les salons du tissu

1-2 Les coupons de tissu présentés conjointement avec des dessins illustrent clairement l'utilisation des textiles dans une collection. Les tissus ne sont pas fixés sur toute leur longueur. Ils pendent afin de pouvoir être facilement manipulés.

3 Salon du tissu Première Vision.

Les salons du tissu se tiennent deux fois par an. Ils mettent en avant les dernières innovations de la maille et des textiles.

Première Vision est le principal salon du tissu et de la couleur. Les fabricants de tissus du monde entier présentent leurs derniers échantillons et prennent des commandes de stylistes. Ils fabriquent d'abord des échantillons de pièces de tissu qu'ils envoient aux stylistes. Ces derniers réalisent des échantillons de vêtements, puis passent commande. Le tissu est fabriqué en fonction de ces commandes. Si les commandes ne sont pas suffisantes, la production du tissu n'est pas lancée.

Indigo, à Paris, permet aux créateurs de textiles de présenter leurs échantillons, sous forme de collections, achetés par des stylistes qui souhaitent s'en inspirer ou par des entreprises de tissus et de mode qui désirent lancer la production.

Le salon du fil Pitti Filati se tient deux fois par an à Florence. Les fabricants de fils y présentent leurs dernières collections de fils prêts à entrer en production et les créateurs de textiles vendent leurs échantillons de tissage et de maille. Expofil, l'autre principal salon du fil, se tient à Paris.

Si vous souhaitez participer à l'un de ces salons, prenez en compte le coût global (déplacement, location du stand, frais d'hébergement). Si un agent se charge de la vente de vos créations, il prendra une commission sur le bénéfice de vos ventes d'échantillons pour couvrir ses frais. Listez les échantillons que vous confiez à un agent. Numérotez chacun d'eux sur le verso et répertoriez ceux qui seront présentés. Demandez à votre agent de confirmer cette liste et d'y apposer sa signature. Assurez-vous du pourcentage qu'il prendra et de ses délais de paiement.

3

Les nouveaux tissus

Les développements dans le secteur de la création textile semblent suivre deux voies : la motivation éthique inspirée par l'environnement et les progrès technologiques qui s'appuient sur les découvertes scientifiques. Lorsque ces deux voies se rejoignent, de nouveaux tissus étonnants peuvent être produits : des tissus d'une conception remarquable, durables mais aussi innovants.

Nous devons également nous efforcer de préserver les techniques traditionnelles, telles que l'impression à la planche, le crochet manuel et la tapisserie. Ces techniques manuelles donnent aux textiles du caractère et une certaine individualité et peuvent apporter de la valeur ajoutée à un produit en raison du temps passé à l'ouvrage et des compétences qu'il requiert. Un vêtement cousu et brodé à la main ne sera jamais exactement identique à un autre. Il est vrai que certains grands créateurs intègrent des tissus et finitions faits main à leurs collections, mais le prêt-à-porter de grande distribution peut difficilement reproduire ces techniques traditionnelles, qui, de ce fait, se distinguent. Cependant, les consommateurs attendent des tissus efficaces, résistant au lavage et au temps. Associer les techniques traditionnelles à la performance et aux technologies modernes assure leur survie.

1

1 Création de la collection Ink Blot Test de Sandra Backlund.

2 Création ornée de la collection printemps-été 2008 d'Alabama Chanin.

L'éthique

Plus la production est conséquente, moins l'habillement est cher. Nous portons un tee-shirt plusieurs fois, puis nous nous en débarrassons pour acheter le prochain vêtement à la mode bon marché. Les modes changent vite. De nouvelles collections sortent tous les six mois. Si les collections de la saison ne se vendent pas, elles sont soldées, brûlées ou recyclées.

L'une des réactions face à cette consommation de masse est un engouement grandissant pour les collections écologiquement responsables. Les entreprises prennent en compte l'impact de leurs textiles et de leurs procédés sur l'environnement. Bon nombre d'entre elles optent pour des tissus fabriqués à partir de matériaux recyclés. De très nombreuses fibres proviennent de sources naturelles et peuvent être réutilisées. Certaines fibres synthétiques peuvent également être recyclées. Le polyester, par exemple, peut se fabriquer à partir de bouteilles en plastique recyclées. Les entreprises de teinture qui utilisent des teintures synthétiques réduisent la quantité de produits chimiques que requièrent leurs procédés et recyclent l'eau utilisée, réduisant ainsi l'impact de la production sur l'environnement. La teinture synthétique est souvent considérée comme contraire à l'éthique. Toutefois, les teintures naturelles nécessitent l'utilisation de fixateurs, qui peuvent s'avérer néfastes pour l'environnement. De plus, certaines teintures naturelles requièrent une grande quantité de matériaux naturels pour produire une petite quantité de teinture.

Certaines industries, telles que l'alimentation et les cosmétiques, ont vu naître la tendance des produits bio et provenant du commerce équitable. La mode, en revanche, a adopté l'idée plus lentement. Les entreprises soucieuses de l'éthique doivent impérativement associer fonctionnalité, conception et qualité au caractère éthique de leurs produits pour que ceux-ci soient à la page et séduisants. Néanmoins, elles se trouveront en concurrence avec des fabricants à bas coûts, qui débitent des produits toujours plus rapidement et à un coût toujours moindre.

Vous pouvez choisir votre fournisseur ou fabricant de textiles. Vous pouvez avoir davantage de difficultés à vous approvisionner en matériaux durables ou éthiques et cette approche peut augmenter le coût de vos créations. Vos créations seront concurrencées par des produits meilleur marché fabriqués dans des usines non certifiées, mais au final, c'est votre propre choix. Décidez de votre degré d'implication face à ces questions, mais prenez-en conscience.

Le commerce équitable

Le terme anglais « fairtrade » désignant le commerce équitable fait partie intégrante du logo de l'organisation Fairtrade Foundation. Il est utilisé pour identifier des produits certifiés « équitables ». La Fairtrade Foundation octroie cette certification après avoir vérifié que les cultivateurs et les ouvriers reçoivent un salaire et un traitement décents en contrepartie de leur contribution à la fabrication du produit.

L'environnement de travail dans lequel les produits sont fabriqués est pris en compte. Les fabricants doivent démontrer qu'ils assurent de bonnes conditions de travail au personnel de l'usine. Certaines normes de base couvrent les conditions de travail et le salaire des ouvriers, ainsi que des questions telles que l'interdiction absolue du travail des enfants. Pour obtenir le label britannique du commerce équitable, « Kite Mark », les fabricants doivent respecter ces normes.

Le commerce équitable fait également référence à des produits qui s'efforcent de favoriser l'utilisation de matériaux naturels et durables associée à une conception contemporaine pour préserver les techniques anciennes et traditionnelles, lorsqu'un travail régulier et le développement de compétences peuvent rendre leur dignité aux individus et à leurs communautés.

1

Le bio

L'assemblée générale de l'IFOAM (International Federation of Organic Agriculture Movements) est l'organisation qui chapote le mouvement bio, regroupant 771 organisations membres dans 108 pays. L'objectif de l'IFOAM est l'adoption globale de systèmes sains sur le plan écologique, social et économique, fondés sur les principes de l'agriculture biologique. Ces principes visent à protéger les terres cultivées, les individus qui cultivent ces terres et leurs communautés. Des réglementations strictes définissent ce que les agriculteurs certifiés bio peuvent et ne doivent pas faire, mettant l'accent sur la protection de l'environnement. La rotation des cultures leur permet d'accroître la fertilité des terres. Les OGM sont interdits et seuls sept des centaines de pesticides disponibles sur le marché sont autorisés, en dernier recours (voir chapitre 2 pour obtenir de plus amples informations sur la production de coton biologique).

Les droits des animaux

La campagne de défense des droits des animaux se fait chaque année plus forte. Pourtant, les stylistes continuent à présenter au cours des défilés des collections contenant de la fourrure. Il semble que la demande de fourrure dans la mode subsiste pour un certain groupe de consommateurs. Les stylistes essaient désormais d'utiliser des substituts de fourrure et de cuir de diverses manières. Stella McCartney n'utilise aucun produit animal pour ses collections. Elle utilise de la toile et du pleather (faux cuir) pour ses accessoires. De nombreux travaux de recherche s'efforcent de développer des tissus de qualité ressemblant au cuir. La société japonaise Kuraray produit le Clarino et le Sofrina, tandis que la société Kolon Fibers produit un textile ultra-microfibre appelé « Rojel ».

La technologie

La technologie est mise au service de la création de nouveaux tissus mais également de la production plus rapide et efficace de tissus existants. En matière de textiles futuristes, les possibilités sont infinies.

2

Des matériaux intelligents

L'habillement interactif intègre des matériaux intelligents qui répondent aux évolutions de l'environnement ou du corps humain. La chaleur, la lumière, la pression, le magnétisme, l'électricité ou les battements cardiaques peuvent modifier la forme, la couleur, le son ou la taille. Ces innovations sont parfaitement adaptées aux textiles. Au cours du processus de fabrication, les fils et les fibres peuvent former des circuits et des réseaux de communication. Les traitements de finition, l'impression et la broderie peuvent également permettre de transmettre des informations. Les vêtements pourraient tout à fait interagir directement avec l'environnement, en dictant l'ouverture des portes ou l'allumage de la lumière, ou communiquer à l'aide d'images, de lumière ou de bruit.

La biotechnologie

Les tissus peuvent contenir au sein de leurs fibres des produits chimiques qui peuvent être déposés sur la peau à des fins médicales ou cosmétiques. Des fibres sont développées à partir de sources naturelles dans le but d'imiter la nature : la soie d'araignée, par exemple. Certains tissus sont également développés pour pousser directement à partir des fibres, tout comme la peau ou les os.

La CAO

La technologie numérique et la conception assistée par ordinateur (CAO) progressent et facilitent le travail du styliste. La CAO peut permettre au créateur d'échantillons textiles de répéter un modèle dans de nombreuses couleurs bien plus rapidement qu'à la main. Les métiers à tisser informatisés peuvent fabriquer plusieurs mètres de tissu en quelques minutes. Les processus de fabrication doivent de toute évidence évoluer. Il est toutefois crucial de ne pas oublier le fonctionnement de ces techniques traditionnelles sur lesquelles ces processus se basent.

1 Création de la collection automne-hiver 2007 de Wildlifeworks, qui produit des vêtements bio certifiés commerce équitable.

2 Cette robe haute technologie créée pour la collection automne-hiver 2007 de Hussein Chalayan intègre dans sa structure même un système d'affichage lumineux, afin de pouvoir modifier les motifs du textile.

« Enfant, j'étais obsédé par les jeux vidéo. Aujourd'hui, je suis fasciné par la technologie et ce qu'elle permet de faire. »

Rory Crichton, créateur de textiles imprimés free-lance pour Giles Deacon et Luella Bartley

1 Tailleur classique Comme des Garçons. Veste 100 % polyester avec panneaux de coton, jupe 100 % polyester avec ruban de velours, dentelle et rubans.

Les tissus sont fabriqués essentiellement à partir de fibres. Elles peuvent être classées en deux catégories, les fibres naturelles et les fibres synthétiques. Chaque fibre possède des caractéristiques et des qualités qui lui sont propres. Les fibres de coton, par exemple, produisent un tissu respirable, tandis que les fibres de laine créent une étoffe chaude, mais qui peut craindre la chaleur. Le procédé de filage des fibres et le mode de fabrication des fils ont un impact sur la performance et l'aspect du tissu final. Il est possible d'appliquer des finitions ou des traitements à un textile à l'étape de fabrication de la fibre, du fil, de l'étoffe ou du vêtement final. Ces finitions peuvent améliorer et modifier les qualités du textile en fonction de la mode. Des propriétés de couleur, de texture et de performance peuvent être ajoutées. De toute évidence, le procédé de fabrication du tissu lui confère également une qualité particulière. Nous aborderons ce sujet au chapitre suivant.

Les sociétés qui fabriquent des tissus synthétiques et naturels prennent en compte l'impact de leurs procédés de fabrication sur l'environnement. La production de tissu naturel peut avoir un impact plus important sur l'environnement que celle d'un tissu synthétique si elle implique des produits chimiques néfastes. D'autre part, de nombreux tissus synthétiques peuvent aujourd'hui être intégralement recyclés. Il est possible d'intégrer certaines caractéristiques dans la fabrication de fibres synthétiques, réduisant ainsi la nécessité d'utiliser des procédés de finition chimiques et mécaniques.

Les fibres naturelles

1 Ligne du haut (de gauche à droite) : organza de soie, jersey de soie, soie grège, soie dupion ; chevron de laine, laine, laine melton ; rason, cuir, crin.

Ligne du bas (de gauche à droite) : estampe sur lin, lin ; denim, coton pour chemises ; bambou, toile de jute.

2 Jessica Ogden : voile de coton et robe de tulle de nylon à tissage local.

3 Cotons bio de la collection Wildlifeworks printemps-été 2008.

Les fibres naturelles proviennent de sources biologiques. Celles-ci peuvent être végétales (à base de cellulose) ou animales (à base de protéines).

1

Cellulose

La cellulose est composée d'hydrate de carbone. Elle constitue la partie principale des parois cellulaires végétales. Elle peut être extraite de diverses formes végétales pour fabriquer des fibres adaptées à la production textile. Il s'agit de tissus parfaitement adaptés à la fabrication de vêtements. Ils doivent être suffisamment doux pour être portés et ne pas se casser au lavage ou au fil du temps.

2

Le coton

Le coton est un exemple parfait de fibre végétale. Il est doux, pelucheux et pousse autour de la graine de cotonnier. Ces fibres sont récoltées sur la plante, traitées puis filées en fil de coton.

Les fibres de coton représentent 40 % de la production textile mondiale. Sa popularité durable provient de son extrême polyvalence. Il peut être tissé ou tricoté, en tissus de poids divers. Il est durable et respirable, propriétés utiles sous les climats chauds, car il absorbe l'humidité et sèche facilement. Plus la fibre est longue, plus le tissu est résistant et de qualité supérieure (le coton jumel, par exemple).

Le coton est principalement produit aux États-Unis, en Chine, dans les pays de l'ancienne Union soviétique, en Inde, au Mexique, au Brésil, au Pérou, en Égypte et en Turquie. Dans la majorité des productions de coton, les cultivateurs utilisent des fertilisants et des pesticides, sur la terre ou vaporisés sur la plante, pour prévenir les maladies, améliorer la terre et augmenter les récoltes. Le coton a toujours été très sujet aux attaques d'insectes. Ce problème s'est aggravé depuis que les insectes ont commencé à développer une certaine immunité aux pesticides. Cela signifie que les cultivateurs utilisent davantage de pesticides chimiques, ne serait-ce que pour sauver la récolte. Les récoltes de coton d'Inde, d'Amérique et de Chine nécessitent des tonnes de pesticides, qui sont vaporisés dans l'air au-dessus des champs. Cet abus des pesticides rend infertiles des centaines d'hectares de terre et contamine l'eau potable. L'Organisation mondiale de la santé estime qu'environ 20 000 décès par an sont liés à l'utilisation de pesticides.

D'autre part, les produits chimiques utilisés sont absorbés par le cotonnier et restent dans le coton tout au long du processus de fabrication. Cela signifie qu'ils sont toujours présents dans le tissu que nous portons à même le corps. Pour cette raison, les fabricants développent de plus en plus des fibres biologiques qui sont cultivées et produites sans fertilisant ni pesticide artificiels. La production de tissus biologiques est plus onéreuse, mais son impact sur l'environnement est moindre. Elle est également plus saine pour le consommateur. Plusieurs stylistes, tels que Katharine Hamnett, Wildlifeworks et Edun, recherchent des solutions biologiques.

Le lin

Le lin possède des propriétés similaires à celles du coton, en particulier sa tenue, bien qu'il se froisse plus facilement. Le lin est très absorbant et résistant au lavage. Il est produit à partir de la plante éponyme. Il est souvent considéré comme la fibre la plus ancienne.

Le chanvre, la ramie et le sisal sont également utilisés comme alternative au coton.

3

Les protéines

Les protéines sont essentielles à la structure et au fonctionnement de toute cellule vivante. La kératine, fibre protéinique, provient de fibres de poils. Elle est principalement exploitée en production textile.

La laine : cachemire, angora et mohair

La toison des moutons est faite à certaines périodes de l'année. Différentes races de mouton produisent différentes qualités de fil. Le mouton mérinos produit la laine la plus riche et précieuse. Environ 80 % de la laine est produite en Australie, en Nouvelle-Zélande, en Afrique du Sud et en Uruguay. La production de laine fait aujourd'hui plus couramment appel à des pesticides biodégradables et non toxiques pour protéger les moutons et l'environnement.

Les chèvres permettent également de produire de la laine. Certaines races de chèvre produisent le cachemire et l'angora. Le cachemire est extrêmement doux et se drape aisément. L'alpaga, le chameau et le lapin permettent également de produire un tissu au toucher chaud et luxueux. La laine est chaude et légèrement élastique, mais elle ne répond pas bien aux températures excessives. Lavée à l'eau chaude, elle rétrécit, car les fibres raccourcissent.

1 Christian Wijnants, collection automne-hiver 2007. Gros pull tricoté main en laine et angora.

2 Dolce & Gabbana, collection automne-hiver 2007. Plumes d'autruche prises sous un voile de soie. Catwalking.com.

1

La soie

La soie est dérivée d'une fibre protéinique. Elle est extraite du cocon du vers à soie. Le cocon est un fil continu que le vers à soie produit afin de s'y envelopper pour se protéger. La soie cultivée est plus résistante et son aspect plus somptueux que la soie sauvage. La production de la soie cultivée implique de tuer la larve. L'ouvrier peut ainsi récolter la soie et la dérouler en un fil continu. Les vers à soie vivent dans les mûriers. La larve doit manger 200 grammes de feuilles pour produire un kilo de soie. Une fois extraite de son cocon, la larve est en général utilisée comme nourriture à poisson par la communauté agricole. Dans la nature, le vers à soie sort de son cocon en grignotant sa paroi, rompant ainsi ce qui serait sinon un fil continu. Le tissu fabriqué en soie brille et bénéficie d'un beau drapé ainsi que d'une bonne tenue.

2

La fourrure

Des fermes élèvent des animaux, tels que le vison, le renard et le raton laveur finlandais, dans l'unique but d'en exploiter les peaux. Ce sujet suscite des débats animés entre les défenseurs et les détracteurs. Les éleveurs d'animaux à fourrure affirment que le traitement éthique des animaux a toujours fait partie intégrante de l'approche de l'élevage d'animaux à fourrure. La qualité de la fourrure dépend du bien-être des animaux. Des conditions de vie supérieures se traduisent par une fourrure de plus grande qualité. Des directives et lois nationales ainsi que des réglementations du Conseil de l'Europe régissent l'élevage des animaux à fourrure en Scandinavie. Des scientifiques travaillent en collaboration avec les éleveurs. Les résultats de leurs recherches ont d'ores et déjà été appliqués à certains aspects de l'élevage, tels que l'habitat, la prévention des maladies, l'alimentation, la gestion, la reproduction et la sélection. La mise en place d'autres mesures relatives au bien-être des animaux suite aux recherches scientifiques est un processus continu.

Les protestataires affirment que certaines fourrures utilisées en confection proviennent d'animaux capturés dans la nature. Ces animaux sont piégés et souffrent pendant des heures avant d'être brutalement tués. Concernant la fourrure d'élevage, là encore ils affirment que les millions d'animaux tués chaque année sont enfermés dans des cages ou des enclos étroits et surpeuplés. Ces conditions de vie contrarient les instincts naturels des animaux, provoquent un état de stress aggravé et éventuellement le cannibalisme et l'automutilation. Le processus d'extermination même n'est pas rapide et sans souffrance. Certaines méthodes, telles que le gazage, l'empoisonnement, l'électrocution, la suffocation ou la rupture du cou, sont courantes.

1

Le cuir

Le cuir provient de peaux animales. Le procédé qui permet de traiter les peaux brutes s'appelle le « tannage ». Les peaux sont tout d'abord salées et asséchées. Elles sont ensuite trempées dans l'eau, de quelques heures à quelques jours. L'eau permet de nettoyer les peaux du sel utilisé au cours du salage, ainsi que de la poussière, des résidus et des excès de graisse animale. Une fois le pelage, la graisse et les résidus retirés, les peaux sont déchaulées dans un bac d'acide, puis traitées à l'aide d'enzymes qui lissent le grain et les rendent douces et souples. Les peaux sont ainsi prêtes à être tannées. Il existe deux méthodes : le tannage végétal et le tannage minéral. La méthode utilisée dépend du type de peau et du produit final envisagé. Le tannage végétal produit des cuirs flexibles mais durs. Le tannage minéral ou au chrome est préféré pour les peaux qui seront utilisées pour des produits en cuir plus souples. Les étapes suivantes, la teinture et le cylindrage, permettent d'assécher et de raffermir le cuir. La dernière étape consiste à appliquer les finitions nécessaires. La surface graineuse est recouverte d'un composant chimique puis brossée. Certains cuirs peuvent présenter un grand nombre d'imperfections après les dernières finitions. Il est possible de polir et poncer ces imperfections afin de les masquer. Après un long polissage, le cuir devient du daim. La refente du cuir permet également de produire du daim. La peau est fendue en couches, ou fentes. La couche extérieure ou supérieure est du cuir, les autres du daim. Le daim des couches supérieures est de plus grande qualité. Le cuir est extensible, mais il ne reprend pas sa forme initiale. DuPont a développé un tissu qui est un mélange de cuir et de Lycra et bénéficie des propriétés de ces deux matières. Le nappa est un cuir fin et souple utilisé pour les vêtements.

2

Le métal

Les peaux

Les peaux peuvent provenir d'animaux de grande taille (vaches, chevaux, buffles) ou d'animaux plus petits (veaux, moutons, chèvres, porcs).

Il est possible d'extraire des fibres de tiges de métal, ou encore de découper des feuilles de métal en bandes très fines. Les fibres métalliques peuvent être utilisées pour orner les vêtements. Des bandes d'or et d'argent étaient traditionnellement utilisées, mais elles sont fragiles et onéreuses. L'argent a également tendance à se ternir. On utilise aujourd'hui de l'aluminium, de l'acier, du fer, du nickel et des superalliages à base de cobalt.

1 Jupe Kenzo en peau de vache.

2 Création en cuir de Sophie Copage. Le motif est obtenu par l'application de chaleur.

Les fibres synthétiques

1 Tissus synthétiques. Ligne du haut (de gauche à droite) : rayonne filée, Tencel/Lyocell, nylon/élasthanne, nylon Ripstop.

Deuxième ligne (de gauche à droite) : soie/viscose/élasthanne/velours, nylon thermocollant, viscose, satin de viscose.

Ligne du bas (de gauche à droite) : polyester, ouate de polyester, soie métallique.

2 Création textile Strange I've seen that Face Before, de Rory Crichton.

Les fibres synthétiques sont fabriquées à partir de fibres cellulosiques et non cellulosiques. La cellulose est extraite des plantes et des arbres. Les fibres synthétiques telles que la rayonne, le Tencel, l'acétate, le triacétate et le Lyocell sont des fibres cellulosiques car elles contiennent de la cellulose naturelle. Toutes les autres fibres synthétiques sont non cellulosiques. Elles sont intégralement fabriquées à partir de produits chimiques.

Les progrès de l'industrie chimique au XXe siècle ont révolutionné la production de tissus. On a commencé à utiliser des produits chimiques jusqu'alors réservés aux techniques de finition des textiles afin d'extraire des fibres de sources naturelles et de créer de nouvelles fibres.

1

Les fibres cellulosiques

Les fibres cellulosiques sont dérivées de la cellulose, mais elles sont transformées en de nouvelles fibres à l'aide de procédés de fabrication chimiques.

La rayonne

La rayonne a été l'un des premiers tissus synthétiques développés. La première rayonne a vu le jour en 1885, sous le nom de soie artificielle, en raison de ses propriétés. C'est seulement en 1924 que le nom rayonne est né. Dérivée de la cellulose (pulpe de bois), ses propriétés sont similaires à celles du coton. Elle est solide, douce au toucher et se drape aisément. La rayonne a d'excellentes propriétés d'absorption. Elle est donc confortable à porter et facile à teindre. Divers processus et produits chimiques entrent dans la fabrication de la rayonne, chacun portant un nom qui lui est propre. On peut citer la rayonne à l'acétate, la rayonne au cuivre et la rayonne viscose, couramment appelée « viscose ». Le Lyocell et le modal sont dérivés de la rayonne.

2

L'acétate de cellulose

L'acétate de cellulose, plus couramment appelé « acétate », a été introduit au cours de la Première Guerre mondiale comme revêtement pour les ailes d'avion, puis développé en fibre. Il est fabriqué à base de pulpe de bois ou de linters de coton. L'acétate est thermoplastique et rétrécit à des températures élevées. Il peut être thermofixé avec des motifs moirés sur sa surface. Il a l'aspect de la soie mais pas son toucher. Il n'est pas très absorbant, mais sèche rapidement.

Le Tencel

Développé plus récemment, le Tencel a été le premier tissu synthétique écologique. Il est fabriqué à partir de plantations de bois gérées. Le solvant employé pour l'extraire est recyclable. Le Tencel est donc entièrement biodégradable. Il produit une fibre résistante au drapé similaire à celui de la soie et au toucher doux.

Les fibres synthétiques ou non cellulosiques

L'Allemagne était le centre de l'industrie chimique jusqu'après la Seconde Guerre mondiale, où les États-Unis ont repris ses brevets chimiques et développé ses inventions. DuPont était à l'époque l'une des principales entreprises chimiques développant des fibres. En 1939, DuPont est parvenu à produire de longues chaînes polymères de molécules, à commencer par le nylon polymère, marquant le début du développement des fibres synthétiques.

La plupart des fibres synthétiques ont des propriétés similaires. Pas particulièrement respirables, de nombreuses fibres synthétiques ne sont pas aussi confortables à porter que les fibres naturelles. Elles réagissent à la chaleur. Il est donc possible de les plisser ou de les froisser de manière définitive et de glacer ou gaufrer les tissus. Toutefois, les vêtements finis peuvent rétrécir ou se glacer inopinément sous presse.

Les fibres synthétiques sont en général blanches, à moins qu'elles soient préalablement teintes. Les fibres synthétiques sont peu absorbantes, ce qui signifie qu'elles sèchent rapidement, mais il est difficile de les teindre. Procéder à la teinture à l'étape de production des fibres permet de produire un tissu grand teint. Cela signifie toutefois que les tissus ainsi produits ne peuvent pas répondre rapidement aux tendances de la mode, car la couleur est déterminée très tôt au cours du processus de production.

Le nylon

Le nylon est une fibre solide et légère, mais qui fond rapidement à des températures élevées. Il est également lisse. De ce fait, la poussière n'accroche pas facilement sur sa surface. Peu absorbant, il sèche rapidement et ne nécessite aucun repassage. Le nylon est fabriqué à partir de sources non renouvelables et n'est pas biodégradable. Les importations de soie du Japon ont cessé pendant la Seconde Guerre mondiale. Le gouvernement américain a donc réorienté son utilisation dans la bonneterie et la lingerie, puis la fabrication des parachutes et de tentes militaires.

Le Lycra est une forme de nylon, développé pour être utilisé dans la lingerie, la confection de vêtements de sport et de maillots de bain.

L'acrylique

DuPont a développé l'acrylique dans les années 1940. Son aspect et son toucher sont similaires à ceux de la laine, mais il peut boulocher. Non allergisant et facile à laver, il craint toutefois la chaleur et fond à des températures élevées.

1

1 Jean-Pierre Braganza, collection automne-hiver 2007. Robe en jersey Lurex Mercury avec col en cuir.

2 Robe Junya Watanabe 100 % polyester. Cette robe est coupée dans une seule pièce de tissu qui enveloppe le corps en créant un vêtement fini semi-opaque.

Le polyester

Créé en 1941 par ICI, le polyester est une fibre solide qui ne se froisse pas. Le polyester est la fibre synthétique la plus répandue. Souvent utilisé dans les mélanges de fibres pour réduire la sensibilité du tissu au froissage, il rend son toucher plus doux et apporte des propriétés de séchage sans essorage. Le polyester a été introduit aux États-Unis sous l'appellation Dacron.

Le polyester est fabriqué à partir de produits chimiques extraits du pétrole brut ou du gaz naturel au moyen de ressources non renouvelables. La production des fibres de polyester nécessite des quantités importantes d'eau pour le refroidissement. Toutefois, le polyester peut être considéré comme écologique dans la mesure où, s'il n'est pas mélangé, il peut être fondu et recyclé. Il peut également être fabriqué à partir de bouteilles plastiques recyclées.

2

L'élasthanne

L'élasthanne est une fibre extensible qui peut être étirée à 100 % de sa longueur et reprendre sa longueur d'origine. Introduit par la société DuPont en 1959, l'élasthanne est une fibre élastique synthétique, aux propriétés proches de celles du caoutchouc. L'élasthanne permet d'apporter une certaine puissance d'extension aux textiles ou d'en augmenter le confort, ce qui améliore la tenue des vêtements (il est souvent utilisé dans les sous-vêtements et les maillots de bain, par opposition à l'élasticité de confort).

Les fibres aramides

La société DuPont a introduit les fibres aramides sous le nom commercial de Nylon Nomex en 1963. On l'appelle également « Kevlar ». Ces fibres sont d'une solidité exceptionnelle, cinq fois supérieure à celle de l'acier. Elles sont également ignifuges. Elles se décomposent à environ 371 °C (700 °F). Le Kevlar est utilisé dans les applications où le tissu doit être solide et léger, pour des tenues pare-balles par exemple. Le Nomex est utilisé pour ses propriétés ignifuges, dans les uniformes militaires et de pompiers.

1 Bandes de caoutchouc.

2 Conception de chaussure de Marloes ten Bhömer, intégrant une structure de fibre de carbone. Les talons sont positionnés sur le côté de la chaussure, modifiant légèrement la démarche ; le poids du corps est constamment balancé d'un côté à l'autre.

Développement des fibres

Les chimistes produisent aujourd'hui des fibres à partir de sources naturelles, en modifiant leur structure afin d'obtenir des propriétés supérieures. Ils travaillent également sur des microfibres et la nanotechnologie, qui permet de fabriquer des tissus aux propriétés avancées réagissant de diverses manières à l'environnement.

1

Odin Optim

Cette fibre a été mise au point par la société Nippon Keori Kaisha, Ltd au Japon, The Woolmark Company et l'Organisation de la recherche scientifique et industrielle du Commonwealth (Commonwealth Scientific and Industrial Research Organisation). Ils ont modifié la structure de la fibre de laine pour produire un tissu de laine aux qualités tactiles et au drapé superbes.

L'azlon

Nom générique des fibres régénérées à partir de protéines de lait, de cacahuètes, de maïs et de graine de soja. Le Japon a produit une fibre à partir de protéines de lait et d'acrylique, le chinon. D'aspect similaire à la soie, il est utilisé en confection.

La soie d'araignée ou BioSteel

La soie d'araignée est naturellement plus solide que l'acier, extensible et résistante à l'eau. Des biochimistes étudient aujourd'hui sa structure et développent des fibres synthétiques aux propriétés similaires qui pourraient être utilisées dans la fabrication de tissus. La soie d'araignée est dérivée des protéines de lait de chèvre. Elle est exploitée sous le nom commercial BioSteel.

La fibre PLA

Cette fibre est née en 2001 sous le nom commercial NatureWorks. Elle est dérivée des sucres naturellement présents dans le maïs et la betterave. Produite à partir d'une source renouvelable, elle est recyclable et sa production nécessite peu d'énergie.

Microfibres

Les microfibres sont des fibres extrêmement fines (un denier maximum) qui possèdent des propriétés avancées. Ces fibres peuvent être intégrées au processus de fabrication d'un tissu ou utilisées pour l'enduction. Les microfibres peuvent être légères, tactiles, imperméables, résistantes au vent ou respirables. Elles rentrent souvent dans la fabrication de vêtements de sport et de performances. Partie intégrante des fibres, ces propriétés résistent au temps et au lavage. La microfibre Tactel, produite par la société DuPont, possède des propriétés tactiles intéressantes. Il existe différents types de Tactel, chacun ayant des propriétés propres. La fabrication des microfibres peut s'avérer plus onéreuse. Aussi sont-elles souvent mélangées à des fibres plus économiques.

Les microfibres peuvent être produites avec des microcapsules contenant des produits chimiques, tels que médicaments, vitamines, agents hydratants ou antibactériens, filtres UV ou parfum. Ces produits chimiques contenus dans les microcapsules peuvent être transmis à la peau par abrasion ou grâce à la chaleur dégagée par le corps. Ces médicaments, vitamines ou agents hydratants peuvent ainsi être absorbés et délivrer leurs bienfaits à la peau. Néanmoins, ces produits s'épuisent et finissent par disparaître au lavage. Il est également possible d'incorporer des micro-organismes qui se nourrissent des salissures et de la transpiration, maintenant ainsi les vêtements propres et frais.

2

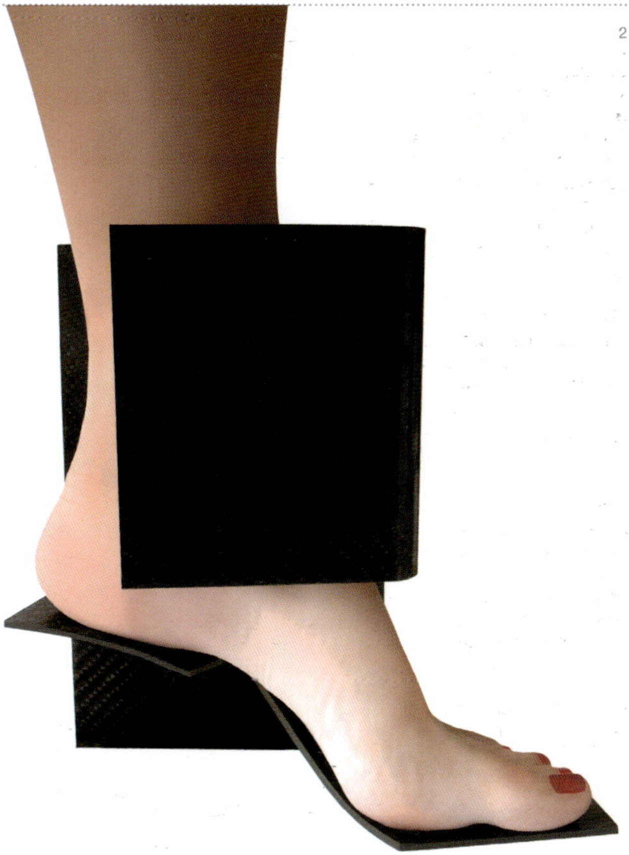

Le X-static

Il est possible d'incorporer du métal dans des tissus afin de les rendre plus malléables. Ces métaux sont souvent mélangés à des fibres synthétiques en raison de leurs propriétés antistatiques. Des chercheurs se penchent aujourd'hui sur l'utilisation de l'argent dans les tissus, pour ses propriétés antibactériennes. Le X-static est fabriqué par la société Noble Fiber Technologies. Il fixe de l'argent à la surface d'une autre fibre pour lui faire bénéficier de ses propriétés.

La nanotechnologie

La nanotechnologie fonctionne au niveau des molécules. Elle permet de créer des tissus extrêmement intelligents et sophistiqués, capables de modifier la couleur, la structure et même la taille des vêtements qui pourraient être ainsi confectionnés. À l'heure actuelle, la nanotechnologie permet de produire des enduits pour tissus. Schoeller a, par exemple, mis au point un revêtement antisalissure pour tissus.

Le fil

1 Dans le sens inverse des aiguilles d'une montre (depuis le coin supérieur droit) : toison de laine de mouton brute non finie ; laine filée ; coton brut (nettoyé, mais tel qu'il pousse sur le cotonnier) ; coton brut (nettoyé), cardé et redressé ; bitord de coton ; fil d'élasthanne/ Lycra ; fibre de rayonne viscose brute (pulpe de bois dissoute et régénérée en tant que fibre de viscose) ; copeaux polymères de fil de polyester, fondus et extrudés sous forme de filament continu ; fil de lin extrait de la plante éponyme ; fil de soie grège filé à partir de cocons de vers à soie.

2 De gauche à droite : lin bouclé ; laine bouclée ; crêpe ; ruban ; mohair ; lin ; soie grège ; soie ; boule de coton ; mèche de laine ; chenille.

La plupart des fibres sont transformées en fil, ce qui permet ensuite de fabriquer un tissu. (Les étoffes non tissées sont fabriquées directement à partir de la fibre. Nous aborderons ce sujet au chapitre suivant.)

Le procédé de fabrication du fil dépend de la texture, des propriétés fonctionnelles, de l'épaisseur et du poids du tissu final. Les filateurs prennent également en compte les prévisions relatives aux tendances et aux couleurs lors de la fabrication des fils.

1

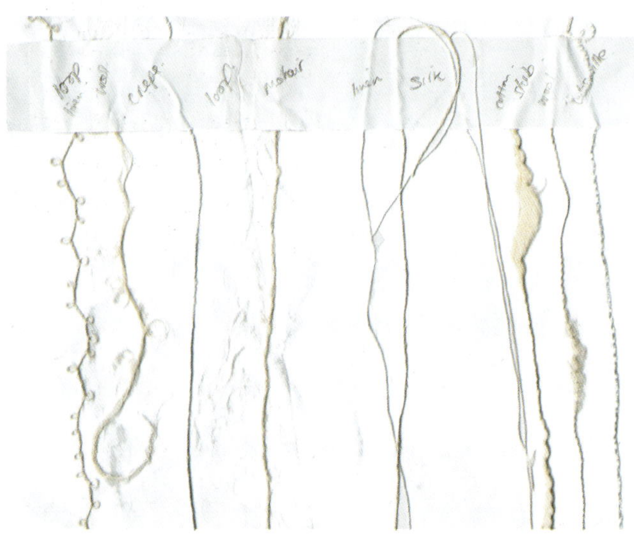

2

La filature

Denier
Indique l'épaisseur des fibres synthétiques. Plus le nombre de deniers est élevé, plus le tissu sera épais.

Numérotage du coton
Système de numérotation des fils de coton. Plus le chiffre est faible, plus le fil est épais. Le fil à coudre est en général de 40.

Crêpe
Le crêpe est torsadé très serré de manière à ce que le fil s'enroule, afin de produire un tissu fini à la surface froissée.

Bouclé
Un fil est enveloppé autour d'un autre, torsadé moins serré. On obtient ainsi des boucles sur toute sa longueur. La surface du tissu fabriqué à partir de fil bouclé est noueuse.

Bouloche
Lorsque certaines parties du fil ne sont pas torsadées.

Fil chenille
Pour obtenir un fil chenille, on ajoute des fibres supplémentaires au fil torsadé.

Neps
Petits bouts de fibres colorées ajoutés et visibles sur le fil fini.

Au cours de la fabrication des fibres synthétiques, un processus de filature entraîne les fibres au travers des petits trous d'une structure de type pommeau de douche pour créer de longues fibres continues, appelées « fibres filament ». Les fabricants peuvent contrôler l'épaisseur des fibres synthétiques au cours de ce processus, ce qui n'est pas le cas pour les fibres naturelles.

Les fibres discontinues sont des fibres naturelles courtes, à l'exception de la soie, qui se développe en un fil continu de manière naturelle. Les fibres filament peuvent être coupées pour ressembler aux fibres discontinues et imiter les propriétés des fibres naturelles. Lorsqu'elles sont mélangées à des fibres naturelles, les fibres synthétiques sont coupées pour devenir des fibres discontinues.

On appelle également filature le processus de torsion des fibres discontinues afin d'en faire un fil. Le fil est torsadé lors du processus de filature. Ce processus permet de maintenir ensemble les fibres courtes et contribue à la solidité du fil. Le fil à tisser est torsadé très serré afin d'être solide, tandis que le fil à tricoter est torsadé de manière plus lâche afin qu'il puisse être extensible. Il est également plus absorbant et son toucher plus doux et chaud.

Un fil simple comprend un seul fil torsadé ; les fils retors comprennent au moins deux fils simples torsadés. Les fils retors deux brins sont constitués de deux fils torsadés, les fils retors trois brins, de trois fils torsadés. Les fils retors sont plus solides que les fils simples.

Le fil peut également être torsadé et texturé pour améliorer ses performances ou ses qualités esthétiques. Les fils synthétiques peuvent être thermofixés au cours de leur fabrication afin d'obtenir une certaine texture.

Le mélange

Les fils sont fréquemment mélangés afin d'obtenir une qualité optimale de tissu. Du point de vue esthétique, un fil mélangé peut se draper plus aisément et être plus agréable au toucher. Le mélange de fils peut également permettre d'apporter certaines fonctionnalités et de réduire le coût de fabrication d'un tissu. Il est courant de mélanger des fibres synthétiques à des fibres naturelles pour obtenir des qualités optimisées. Un mélange de polyester et de coton par exemple donnera un tissu au toucher naturel et qui se froissera moins. Le Lycra et l'élasthanne peuvent être mélangés à d'autres fibres pour apporter de l'élasticité, afin que le vêtement ne se déforme pas au fil du temps, en particulier pour les vêtements de sport hautes performances. Les fibres peuvent être mélangées au moment de leur production, à l'étape de fabrication du fil ou lors du tricotage ou du tissage.

La teinture

Un effet de teinture innovant ou un revêtement spécial peuvent donner au vêtement un style ou un toucher unique. Un colorant est une substance qui colore comme une tâche, il est absorbé par les fibres du textile. La couleur ne s'estompe pas aussi facilement au fil du temps que lorsqu'elle est appliquée à la surface, via des pigments ou de la peinture par exemple. La couleur s'applique à l'aide de colorants naturels ou synthétiques, lors de la fabrication des fibres, du fil, du tissu ou du vêtement fini. Si vous envisagez de teindre un vêtement, vérifiez d'abord s'il rétrécit ou non. La teinture nécessite des températures élevées afin de fixer la couleur. La chaleur peut faire rétrécir les fibres. Assurez-vous également que toutes les parties du vêtement absorberont le colorant : le fil des coutures, les fermetures à glissière, les élastiques et autres bordures. Avant de procéder à la teinture, il faut également laver le tissu afin d'enlever tout enduit. N'oubliez pas que la couleur d'origine de l'étoffe de base aura une incidence sur la couleur finale. Employez plusieurs techniques de teinture en même temps pour obtenir des effets intéressants : par exemple, teindre un tissu composé de soie et de viscose à l'aide de colorants acides et directs. Mélangés à un agent épaississant, la plupart des colorants peuvent être employés pour l'impression de tissus.

1

2

1 Exemple de livret de teinture.

2 Création de la collection printemps-été 1999 d'Alexander McQueen. Catwalking.com.

Le test de la goutte d'eau

Les fibres et tissus, tant naturels que synthétiques, contiennent des impuretés (huiles, amidon, etc.) et peuvent également se voir appliquer des apprêts en cours de production susceptibles d'empêcher l'absorption des colorants. Pour vérifier la pureté d'un tissu avant de le teindre, une méthode très simple consiste à appliquer une goutte d'eau sur sa surface. Si elle est très vite absorbée, cela signifie que le tissu comporte très peu ou pas d'impuretés ou d'apprêts. Si l'eau reste en surface, il vous faut laver le tissu avant de procéder à la teinture.

Les colorants naturels

À l'origine, les colorants provenaient de la terre, des plantes ou des insectes. Ceux d'origine naturelle produisent une couleur subtile, mais leur résistance à la lumière et au lavage n'égale pas celle des colorants synthétiques. La plupart des colorants naturels nécessitent une grande quantité de produits naturels pour produire une petite quantité de colorant. Nombre d'entre eux ont également besoin de mordants pour fixer la couleur. Il en existe deux sortes : les colorants de mordançage et les colorants directs. Avec les colorants de mordançage, un mordant est nécessaire pour permettre à l'étoffe d'absorber le colorant. Celui-ci doit créer des liens chimiques solides avec l'étoffe afin de fixer la couleur de manière permanente. Le mordant pénètre au cœur des fibres. Lorsque le colorant est ajouté, colorant et mordant s'associent pour créer la couleur. Le mordant étant intégré aux fibres, il en va de même pour la couleur. Les colorants directs n'ont pas besoin de mordant pour donner un tissu grand teint et résistant à la lumière. L'indigo est le colorant le plus connu.

Les mordants
Les mordants préparent les fibres à l'absorption de la teinture et permettent sa fixation. La plupart des mordants proviennent de minéraux.

La vase, le jonc, les champignons, les pelures de fruit et l'urine sont des mordants naturels. L'association d'un même colorant et de mordants différents peut produire une variété de couleurs.

1-2 Viktor & Rolf, collection printemps-été 2005. La moitié de la collection a été présentée dans des tons de noir, l'autre dans des tons de rose. Catwalking.com.

1

2

Les colorants synthétiques

Vers la fin du XIXe siècle, l'industrie textile s'est rapidement développée suite à la révolution industrielle de l'Europe occidentale, en particulier au Royaume-Uni. Des quantités conséquentes de ressources naturelles étaient nécessaires pour produire les colorants. Dans certains cas, les colorants naturels étaient importés – processus long et coûteux. Les chimistes ont donc commencé à étudier diverses manières de produire des copies synthétiques des colorants naturels. À l'époque, un colorant appelé « pourpre de Tyr » était employé pour colorer les étoffes royales. La production de ce colorant, extrait du mucus de mollusques, était complexe et coûteuse. Fort heureusement, un jeune chimiste du nom de William Perkin a, par accident, inventé le premier colorant violet synthétique, appelé pourpre d'aniline ou mauvéine. Sa découverte a fait sa fortune et ouvert la voie à la recherche et au développement d'autres colorants synthétiques. Aujourd'hui, la mise au point des colorants synthétiques est un processus continu, qui vise à améliorer leur tenue et leurs performances, face aux nouveaux tissus créés. Il existe une grande variété de colorants synthétiques, selon les types de tissu et les effets particuliers souhaités. Ils sont en général plus résistants à la lumière et au lavage que les colorants naturels.

Les colorants acides

Les premiers colorants synthétiques développés pour teindre la laine ont été les colorants acides. Cette catégorie comprend de nombreux produits. Certains colorants acides sont parfois également employés pour la teinture d'autres fibres protéiques, telles que la soie, le nylon ou le polyamide (à une température plus élevée), dont la structure est similaire à celle des fibres protéiques. Le terme « acide » signifie qu'un acide ou agent produisant de l'acide entre dans la composition du bain de teinture. Il existe différents types de colorants acides, dont les colorants acides d'unisson et les colorants acides de foulage. Disponibles en une gamme de couleurs vives, les colorants acides d'unisson résistent bien à la lumière, mais modérément au lavage. Les colorants acides de foulage sont également disponibles en diverses couleurs vives. Ils sont résistants à la lumière et au lavage, mais leur application est plus délicate.

Les colorants directs

Adaptés à la teinture des fibres de cellulose, telles que le coton et le lin, ils peuvent également être employés pour teindre la soie, le cuir, la laine et les mélanges de fibres de cellulose. Le premier colorant direct, appelé « rouge Congo », a été mis au point en 1884. Il a été qualifié de colorant direct car il permettait, pour la première fois, de teindre directement la cellulose, sans avoir recours à un mordant. Toutefois, l'ajout de sel ordinaire (chlorure de sodium) ou de sel de Glauber (sulfate de sodium) améliore l'absorption du colorant.
On préférera ajouter de l'acide acétique pour teindre de la laine ou de la soie. Les colorants directs sont simples à utiliser et disponibles en de nombreuses couleurs. Les tissus ainsi teints déteignent facilement. On utilise donc rarement les colorants directs pour les imprimés.

Les colorants basiques

Les colorants basiques ont été les premiers colorants synthétiques mis au point, par exemple le colorant d'aniline de Perkin. Ils résistent mal à la lumière et au lavage et sont rarement employés aujourd'hui, excepté pour la teinture des fibres acryliques.

1

2

Les catégories de colorants

Vous pouvez utiliser divers types de colorants selon les fibres.

Cellulose
Colorants directs, réactifs, de cuve ou naturels.

Laine
Colorants acides, réactifs (certains d'entre eux).

Polyamide
Colorants acides, réactifs (certains d'entre eux).

Acrylique
Colorants basiques, de dispersion (certains d'entre eux).

Polyester
Colorants de dispersion.

Acétate de cellulose
Colorants de dispersion.

Nylon
Colorants acides, de dispersion.

Les colorants de dispersion

Les colorants de dispersion ont été mis au point en 1920 pour permettre la teinture des fibres d'acétate, jusqu'alors impossibles à teindre, sauf à l'aide de noir de campêche, colorant naturel que l'on utilisait pour la soie et la laine. Les colorants de dispersion sont principalement employés aujourd'hui pour la teinture des fibres polyester, mais conviennent également aux fibres synthétiques. Ils s'appliquent à des températures relativement élevées. Ils ne conviennent donc pas aux tissus qui contiennent de la laine ; celle-ci pourrait se feutrer. Les colorants de dispersion bénéficient d'une excellente résistance à la lumière et au lavage.

Les colorants réactifs

Mis au point au cours des années 1950, les colorants réactifs ont été les premiers colorants développés à produire une réaction chimique au contact des fibres (en général la cellulose) dans des conditions alcalines. Le colorant réactif devient une partie intégrante de la fibre, ce qui donne un tissu grand teint et résistant à la lumière. On procède à la teinture dans des conditions alcalines, en y ajoutant en principe du carbonate de sodium, ainsi que du sel (ordinaire ou de Glauber), pour que le tissu absorbe uniformément le colorant. Les colorants réactifs permettent la teinture du coton, du lin et de la soie. Ils sont souvent utilisés pour les imprimés. Ces colorants ont été mis sur le marché par la société ICI en 1956 sous le nom de teintures Procion.

Les pigments

Mélangés à l'agent liant ou épaississant adéquat, les pigments sont utilisés pour l'impression des tissus. Ils sont faciles à appliquer et il n'est pas nécessaire de les laver après la teinture pour enlever le liant. Cela signifie cependant que la zone imprimée peut être légèrement moins souple au toucher.

Les pigments de cuve

Ces pigments sont insolubles dans l'eau. Pour les appliquer au tissu, il faut tout d'abord les soumettre à une réduction chimique, qui les rend solubles. À la suite de quoi, l'étoffe peut les absorber. Le tissu est ensuite exposé à l'air ou traité à l'aide d'un agent oxydant : le colorant réduit sous forme soluble est reconverti en pigment insoluble à l'intérieur de la fibre, il est ainsi peu susceptible de s'éliminer au lavage.

Les colorants polyvalents

Les colorants destinés à une utilisation domestique permettent de teindre la plupart des tissus car ils contiennent un mélange des divers types de colorants. Ils peuvent être utilisés à l'eau chaude ou à l'eau froide. Certains peuvent même être utilisés en machine.

1-2 Ces échantillons de Mika Nash ont été créés en teignant le dévorage de velours à l'aide de colorants directs rongeables. L'agent rongeant est gelé sous forme de glaçons, puis disposé sur le tissu et dégelé. Une fois sec, le tissu est retourné et imprimé à l'aide d'une pâte à dévorage. Le colorant se fixe et fait office de réserve au dévorage.

Les effets de teinture

Les techniques de teinture peuvent être employées pour créer des motifs. Certaines techniques s'appuient sur l'utilisation de réserves appliquées au tissu, qui agissent comme une barrière face à la teinture. Lorsque le tissu est teint, on élimine la réserve et le tissu comporte un motif en négatif.

1-2 La Petite S*****, collection automne-hiver 2007. Robe en satin de soie et organza noir, teinte par plonger. Cette création comporte une couture latérale qui laisse apparaître la couche inférieure d'organza entre les côtés de la couche supérieure en soie fermée par épingle.

3-4 Échantillons de textiles réalisés par teinture à nœuds. Furphy Simpson.

1

2

La teinture à nœuds

La teinture à nœuds (tie-dye) consiste à nouer au préalable de la ficelle autour de certaines zones du tissu. La ficelle empêche le colorant de pénétrer le tissu. Une fois le tissu dénoué et séché, les zones non teintes du tissu forment un motif. Il est aussi possible de coudre le tissu avant de le teindre. Les points sont serrés, de manière à créer des zones où la teinture ne pénètre pas. Le tissu peut être froncé ou plié avant. Ce procédé est utilisé depuis des siècles. Les Japonais l'appellent « shibori ». Les artisans d'une région particulière ont créé de nombreux motifs magnifiques.

3

L'amidon et la teinture batik

L'amidon et la cire peuvent être utilisés pour dessiner des motifs sur un tissu. Une fois l'amidon ou la cire séché(e), le tissu est teint. On gratte ensuite le tissu pour que l'amidon s'écaille ou, dans le cas de la technique à la cire (batik), on le fait bouillir pour faire fondre la cire.

4

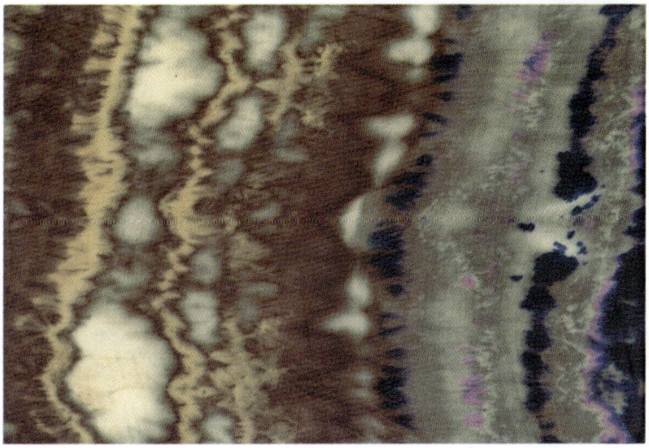

L'ikat

Les fils de chaîne ou de trame sont noués avec de la ficelle puis teints, créant un motif à l'emplacement de la ficelle. Lorsque la chaîne ou la trame est tissée, la teinture crée un effet ombré. Le double ikat consiste à teindre la chaîne et la trame et à les tisser ensemble.

Les tests des couleurs

Les entreprises vérifient le grand teint des textiles dans des conditions précises. La couleur d'un maillot de bain doit résister à l'eau de mer et à l'eau chlorée des piscines. De même, un chemisier porté à même la peau ne doit pas se décolorer au contact de la transpiration. En raison de la grande diversité d'utilisation des textiles colorés, de nombreux tests ont été mis au point. Ces tests consistent à comparer un échantillon teint qui a été exposé à un agent (la lumière ou le lavage) à un original, afin de vérifier précisément si la teinte ou l'intensité de la couleur ont changé. Ces changements sont jugés acceptables jusqu'à un certain seuil défini en fonction de l'utilisation finale du tissu teint. Si ce seuil est dépassé, le test du produit est réputé négatif. Le test de solidité de la couleur d'un tissu consiste à en laver un échantillon coloré avec un tissu blanc pour évaluer l'étendue du dégorgement. Le test de la résistance à la lumière consiste à mesurer la capacité de la molécule du colorant à absorber les radiations sans être détruite. La molécule d'un colorant peu résistant à la lumière est détruite par la radiation absorbée. Aucun colorant ne résiste à 100 % à la lumière.

Les procédés de finition

1 Veste homme Junya Watanabe, collection printemps-été 2008. La finition lui donne un aspect rétréci. Catwalking.com.

2 Cardigan Emma Cook, collection automne-hiver 2007. Maille en mélange de cachemire. Certaines parties du tricot, dont le col, ont été bouillies pour créer un effet intéressant.

Les finitions mécaniques ou chimiques peuvent être appliquées à l'étape de production des fibres du tissu ou sur la surface finie du textile. Certains processus permettent d'apporter des propriétés supplémentaires à un tissu ou un vêtement afin d'obtenir un effet visuel, tactile ou une fonction particulière. Les finitions peuvent durer aussi longtemps que le tissu ou s'éliminer à l'usure.

1

Les finitions de base

Ces processus préparent le tissu à la teinture ou l'impression et sont donc dans ce cas nécessaires. Le nettoyage permet d'éliminer l'amidon, les résidus ou la graisse après l'étape de tissage ou de tricotage. Le désencollage retire les substances ajoutées au fil pour le renforcer avant le tissage. Le calicot ne peut pas être désencollé. Son toucher est par conséquent plus rêche. Le dégorgeage permet d'éliminer les impuretés de la laine.

Le blanchiment nettoie et blanchit le tissu une fois celui-ci fabriqué et peut en améliorer la teinture. Lors du passage sur rame, le tissu est tendu sur toute la longueur de la lisière et étiré afin de réaligner les fils de chaîne sur leur position perpendiculaire. Dans ce cas, des marques de punaises sont visibles le long de la lisière du tissu.

Le processus de foulage comprend le feutrage (consistant à soumettre le tissu à l'humidité, la chaleur et la pression), qui feutre les fibres de laine afin d'améliorer le toucher de l'étoffe. Le flambage permet de lisser le tissu. Celui-ci est passé au-dessus d'une flamme afin de brûler les excès de fibres. Le mercerisage concerne en général les tissus en coton. Ce procédé consiste à ajouter des produits chimiques au tissu afin de rendre les fibres plus luisantes, et le tissu, plus solide et plus réceptif à la teinture. Il est également possible de traiter les tissus à l'aide d'azurants optiques. Ces teintures incolores fluorescentes réagissent aux UV et accentuent le degré de blanc des tissus blancs.

Les finitions esthétiques

Les finitions esthétiques permettent d'apporter aux tissus des propriétés tactiles ou esthétiques recherchées. Une finition hi-tech peut apporter une allure plus moderne à un tissu. L'application d'une finition sur un tissu composé d'un mélange de fibres peut produire des effets intéressants car les fibres peuvent réagir différemment. Par exemple, une fibre peut rétrécir sous l'effet de la chaleur, tandis que les autres fibres restent intactes, créant ainsi une surface froissée ou gaufrée. Des procédés chimiques peuvent modifier les propriétés tactiles du tissu et le rendre doux et velouté, ou fin et rugueux au toucher. Le feutrage consiste à chauffer ou manipuler mécaniquement un tissu et ainsi en rétrécir les fibres et déformer le tissu. Au cours du processus de calandrage, on passe le tissu entre des cylindres chauffés afin d'obtenir une surface plane et luisante. On peut également employer des cylindres à motifs pour obtenir un fini moiré ; la pression et la chaleur des cylindres produisent un lustre accentué.

2

1 Short à effet délavé Abercrombie & Fitch.

2 Manteau en coton ciré Barbour.

Le plissage

Le lavage permet de donner au tissu un aspect froissé ou fripé fortuit, non repassé. Vous pouvez froisser et fixer le tissu avant le lavage pour créer des plis sur des zones précises. Pour obtenir des plis permanents sur la plupart des tissus synthétiques ou en laine, vous pouvez chauffer et façonner le tissu, ce qui modifie de manière définitive les fibres. Cette méthode peut également fonctionner pour les tissus qui contiennent une part importante de fibres synthétiques. Le processus de plissage manuel consiste à positionner le tissu entre deux supports en carton prépliés, que l'on replie ensuite avant de les étuver. Le tissu prend ainsi la texture du carton plié. Le processus Siroset est utilisé pour la laine. Il permet de créer un pli sur une zone précise d'un vêtement. Un produit chimique est vaporisé sur le devant de la jambe de pantalon, qui est ensuite passée à la presse.

Les vêtements portant la griffe Issey Miyake sont confectionnés en jersey de polyester thermoplastique. Ils sont tout d'abord fabriqués, puis plissés, ce qui modifie leurs dimensions. Grâce aux plis, les vêtements jouissent d'une telle élasticité qu'ils n'ont aucunement besoin de fermetures à glissière ou de boutons. La construction plane des vêtements fait référence au kimono.

Le délavage

Le style délavé à la pierre (stonewashed) a été très en vogue dans les années 1980. Pour obtenir cet effet délavé, on utilise des pierres ponces, qui décolorent le tissu. Toutefois, ce processus de finition est difficile à contrôler et peut endommager le tissu et l'équipement employé. Des colorants acides ont été mis au point pour effectuer cette tâche. Les effets obtenus sont appelés « délavé neige » ou « délavé marbré ». Ce type de processus est néfaste pour l'environnement. Le lavage aux enzymes (biostoning) est plus respectueux de l'environnement. Vous pouvez obtenir des effets différents, selon le mélange et la quantité des enzymes utilisées. Le lavage aux enzymes peut également permettre d'adoucir un tissu. Les vêtements peuvent être délavés au sable ou au verre, à l'aide d'un pistolet laser qui permet de cibler des zones précises. Le laser est aussi employé pour obtenir un effet délavé sur certaines zones précises d'un vêtement.

1

Finitions hautes performances

Certains procédés chimiques et/ou mécaniques peuvent modifier un tissu dans un but fonctionnel. Les tissus peuvent être antitache, ininflammables, antistatiques, infroissables, antimites, résistants aux moisissures ou traités de manière à réduire la pénétration des UV. L'utilisation de nouvelles microfibres anti-UV est à l'étude.

Les bactéries

Grâce à des traitements chimiques, il est possible de contrôler le développement de bactéries dans un tissu et donc de réduire la formation d'odeurs corporelles. Les tissus recouverts de Teflon offrent pour leur part une protection invisible contre les tâches et les salissures ; caractéristique utile pour des vêtements pratiques et facilement nettoyables.

Les tissus respirables

On obtient un tissu respirable et résistant à l'eau en appliquant sur sa surface une membrane qui contient des pores suffisamment gros pour laisser s'échapper la transpiration corporelle, mais suffisamment petits pour empêcher la pénétration des gouttes d'humidité. Le GORE-TEX® est l'exemple parfait de ce type de tissu. Le GORE-TEX® a été mis au point à l'origine pour servir d'isolant pour câbles, efficace et léger pour les premières missions spatiales de Neil Armstrong (le GORE-TEX® est fabriqué à partir du Teflon.) Il a ensuite été développé en tant que tissu respirable, résistant à l'eau et au vent et son appellation commerciale, protégée, en 1976. Il est désormais couramment utilisé pour les vêtements de sport et d'extérieur.

Les tissus réfléchissants

L'application sur un textile d'un revêtement laminé lui apporte une nouvelle caractéristique et ainsi une nouvelle fonction. Ces revêtements peuvent être visibles ou invisibles. Le revêtement laminé holographique, quant à lui, réfléchit et réfracte la lumière.

Les tissus résistants à l'eau

Pour hydrofuger un tissu, on applique sur sa surface une couche de caoutchouc, de polychlorure de vinyle (PVC), de polyuréthane (PU) ou de cire. Ces tissus sont principalement utilisés pour les vêtements d'extérieur et les chaussures. Les résidus d'huiles naturelles que l'on retrouve dans la laine du pull d'un pêcheur servent de couche hydrofuge naturelle.

2

« C'est une grande liberté que de pouvoir fabriquer votre propre tissu pendant que vous travaillez. »

Sandra Backlund

Pour transformer des longueurs de fil en tissu de confection, il faut soumettre le fil à un procédé de fabrication. Les deux principaux procédés de fabrication sont le tricot et le tissage. Le crochet, la dentelle et le macramé représentent d'autres procédés de fabrication. Certains tissus peuvent également être fabriqués directement à partir de fibres et de solutions. Le Tyvek® est fabriqué grâce au feutrage des fibres, qui permet d'obtenir un tissu similaire au papier. Les épaulettes sont fabriquées en masse à partir d'une mousse dérivée d'une solution. Le cuir et la fourrure représentent certainement les types de « tissus » les plus anciens dont se servent les êtres humains pour s'habiller. Ils ne sont pas fabriqués, mais sont prélevés de l'animal en tant que peaux.

Il est important de réfléchir aux propriétés qu'une technique de fabrication donnée apporte au tissu, puis au vêtement fini. On aura tendance à apprécier la maille pour le confort de son élasticité et sa souplesse. Une étoffe tissée sera utilisée pour les vêtements qui ont besoin de structure et de stabilité, tandis que la dentelle apportera des qualités ornementales. Un tissu tricoté peut toutefois apporter de la structure au vêtement s'il est feutré. Une étoffe tissée peut être extensible et confortable si elle contient du Lycra, ou ornementale si elle a été fabriquée sur un métier Jacquard.

1 Confection femme Prada automne-hiver 2007 à base de tissus expérimentaux. Le cardigan est en mohair plastifié. L'extérieur du tricot a été vaporisé d'une substance plastique puis pressé à chaud afin d'obtenir un aspect brillant et godé, bien qu'il reste doux et souple. Le satin de la jupe a été tissé avec du fil élastique. Pressé à chaud, l'élastique a rétréci et le tissu a godé et s'est plissé. On a ensuite intégré au satin de soie un tissu chevron. Des zones du chevron ont été ramenées vers l'extérieur à travers le satin par aiguilletage. Catwalking.com.

1

Le tissage

Variations de structure

Structure à côtes
On obtient une structure à côtes en regroupant des fils de chaîne ou de trame ou en utilisant localement des fils plus épais.

Natté
Le natté est une étoffe tissée lâche obtenue en passant tour à tour un fil de trame par-dessous ou par-dessus un groupe de fils de chaîne de sorte que la trame repose sur la chaîne. Ce schéma produit un motif carré.

Seersucker
Les fils de chaîne sont maintenus à différentes tensions. Certains sont fortement tendus tandis que d'autres restent lâches. Lorsque les fils de trame passent au travers de la chaîne, les fils de chaîne plus lâches créent un effet gaufré.

Une étoffe tissée se compose d'une chaîne, sur toute la longueur de la pièce de tissu, et d'une trame, sur toute sa largeur. On appelle également « chaîne et trame » le droit fil. Si le droit fil ne correspond pas à un angle de 90°, on dit que le tissu n'est pas dans le droit fil. Il peut ne pas tomber ni se draper correctement, ce qui pose certains problèmes lors de la confection d'un vêtement. La chaîne est tout d'abord tendue sur un métier à tisser. Cela signifie que la largeur du tissu, sens dans lequel la trame est tissée, est plus extensible. La chaîne est parfois enduite d'amidon pour renforcer le fil. L'amidon est éliminé lors du processus de finition après le tissage. Traditionnellement, une navette permettait de faire passer les fils de trame d'un côté à l'autre par-dessous ou par-dessus les fils de chaîne. Ce procédé persiste encore aujourd'hui. Les métiers à tisser plus récents s'appuient sur des jets d'air ou d'eau pour propulser le fil de trame à des vitesses incroyables. Le fil de trame n'est pas continu. Il est coupé à la longueur voulue avant de passer à l'autre de la chaîne. Les métiers à tisser sont soit circulaires soit double laize, de manière à produire en même temps deux largeurs de tissu. Le Denim est souvent tissé de cette manière. Le mode de tissage de la chaîne et de la trame produit divers tissus. Les trois principaux types d'armures sont la toile, le sergé et le satin.

1

2

La toile

1 Robe en mousseline de soie Marios Schwab automne/hiver 2007. La mousseline de soie est une armure toile.

2 Structures d'armure toile. Haut (de gauche à droite) : armure toile, armure toile avec finition chintz ; nid-d'abeilles natté, côtes. Milieu : voile de coton, crêpe georgette ; organza de soie, mousseline de soie. Bas : Seersucker, toile canevas ; chambray, vichy.

La toile se tisse à partir de longueurs égales de chaîne et de trame. Le tissage consiste à faire passer la trame tour à tour par-dessus puis par-dessous les fils de chaîne. Le tissage est en principe relativement serré. Les toiles basiques sont planes et parfaitement adaptées à l'impression et à certaines techniques telles que le plissage ou les smocks. En variant le poids des fils et leur tension, on obtient des variantes de la toile.

Tissus à armure toile

Calicot
Tissu de coton brut qui n'a pas été soumis à un processus de finition. Il contient donc toujours l'amidon appliqué pour le tissage. Son toucher est quelque peu rigide.

Toile canevas
Tissu de coton lourd tissé serré.

Chambray
Tissu de poids moyen à fils de chaîne blancs et fils de trame colorés, en coton ou mélange de coton.

Mousseline de soie
Tissu léger et souple.

Vichy
Le vichy est tissé en petits carrés, en principe de deux couleurs.

Mousseline
Toile légère douce au toucher, généralement de coton blanc ou non blanchi.

Organdi
Coton léger, très fin et apprêté.

Organza
Coton léger, très fin et apprêté composé de fils de type filament, comme la soie ou les fils synthétiques.

Voile
Tissu léger constitué de chaîne retors deux brins en coton, mélanges de coton ou fibres synthétiques.

Le sergé

1 Veste et jupe en tweed de laine Peter Jensen, collection automne-hiver 2007.

2 Armures sergé et satin. Haut (de gauche à droite) : sergé de coton et soie, sergé, gabardine de coton, drill. Milieu : Denim, tweed, chevron, pied-de-poule. Bas : satin de polyester, satin de soie, satinette de coton.

Le sergé consiste à tisser la trame par-dessus deux fils de chaîne ou plus avant de la faire passer par-dessous un ou plusieurs fils de chaîne. Lorsque vous reproduisez ce processus en le décalant tout au long de la pièce de tissu, vous obtenez des lignes diagonales à la surface du tissu. On appelle ces lignes, des côtes. La ligne oblique que trace la côte peut suivre des angles de différents degrés : 45° pour un sergé normal, au-delà de 45° pour le sergé à chevrons. Les lignes ou côtes du sergé peuvent être orientées de gauche à droite (sergé droit) ou de droite à gauche (sergé gauche). Les côtes peuvent être visibles sur l'un des côtés du tissu ou tant sur l'endroit que sur l'envers. Les tissus sergés sont en général tissés serrés. Ils sont solides et robustes.

Tissus à armure sergé

Coutil
Sergé à chevrons composé de fils retors deux brins ou de fil peigné.

Denim
En général fabriqué à partir de fils de coton teints ou de mélanges de coton.

Drill
Tissu teint de poids moyen ou lourd.

Chevron
Sergé régulier. La côte est inversée et forme un motif de chevron.

Tweed et pied-de-poule
Sergés fabriqués à partir de fils de couleurs différentes et de structures d'armure variées pour créer un motif.

1

2

Le satin

3

Lisse au toucher, l'armure satin revêt également un lustre visible à l'œil, grâce à une structure tissée serré qui consiste à déposer le fil sur la surface du tissu. La chaîne est tissée de manière à reposer par-dessus la trame et vice versa. Les tissus à armure satin sont souvent utilisés pour les doublures, car ils glissent aisément par-dessus les autres vêtements.

3 Haut en satin de soie Peter Jensen avec collier de perles intégré, collection automne-hiver 2007.

4

Tissus à armure satin

Satin double face
L'endroit et l'envers présentent une finition rectiligne de satin lisse, car l'étoffe est tissée avec deux chaînes et une trame.

Crêpe satin
Ce tissu est tissé à l'aide d'un fil crêpe très torsadé visible sur l'envers et d'un fil moins torsadé qui bénéficie d'un satinage lisse sur l'endroit.

Tissus satinette
Ces tissus sont fabriqués à partir de filés, en général de coton.

Tissus satinés
Les tissus satinés sont souvent fabriqués à partir de filaments peu torsadés.

4 Robe à panneaux de satin de soie Spijkers en Spijkers, collection printemps-été 2006.

Autres structures d'armure

Les trois structures d'armure de base (tissage, toile, sergé) peuvent être variées pour créer des structures d'armure plus complexes.

Les tissus pelucheux

Des fils supplémentaires, autres que les fils de chaîne et de trame de base, sont tissés. Les flottés ou boucles ainsi créés peuvent être coupés (velours côtelé) ou laissés intacts sous forme de boucles (tissu éponge).

Double étoffe

Cette structure consiste à tisser en même temps deux étoffes reliées. Le velours double pièce est en général tissé en tant que double étoffe. Une fois tissé, il est découpé en deux tissus identiques. Ce procédé permet également de fabriquer un tissu composé de deux qualités, couleurs ou motifs différents. Ce type de tissu est réversible, de sorte que chaque côté peut être utilisé comme la face externe du vêtement. Le tissu peut parfois être connecté de toutes parts, ou uniquement en certains points, créant des poches et des fronces.

Tissus pelucheux à motifs

Velours côtelé
Des fils de trame supplémentaires sont tissés, créant des flottés réguliers. Coupés et brossés, ils forment des côtes de fibres sur toute la longueur du tissu. Ces côtes peuvent être de diverses épaisseurs. Elles sont appelées « nervures fines » ou « nervures larges ».

Tissu éponge
Le tissu éponge est fabriqué par tissage de fils lâches, qui crée des boucles à la surface du tissu, de manière similaire au Seersucker vu précédemment.

Veloutine
Fabriquée à partir de filés, ses fibres sont rasées sur toute la surface.

Autres structures d'armure

Brocart
En général composé de fils de couleurs différentes, afin de créer de nombreux motifs. Ce tissu comporte beaucoup de flottés, sur une base toile, satin ou sergé.

Damas
De construction similaire au brocart, le damas compte en principe une ou deux couleurs.

Jacquard
Système d'armure complexe dans lequel les fils de chaîne et de trame sont soulevés ou pas, pour créer des motifs et des textures. De longs flottés se forment souvent, qui peuvent s'accrocher et se coincer.

Tissus façonnés
Ces armures créent une structure de petits motifs géométriques répétés.

Piqué
Une armure façonnée permet de créer un motif de surface.

Tissage local
Des fils sont ajoutés aux fils de chaîne et de trame de base pour créer des motifs et des textures.

Nid-d'abeilles
Armure façonnée qui crée un motif de nid-d'abeilles.

1

Les armures composées

Il est intéressant d'anticiper la manière dont le motif, la couleur ou la fonction d'un vêtement peut être composé au sein même de l'armure. Vous pourriez, par exemple, tisser un fil élastique dans la trame d'un tissu pour en modifier la construction. Une fois relâché, l'élastique se resserrerait, ramenant ainsi le tissu vers l'intérieur. Vous pourriez ensuite couper cette pièce et l'intégrer au vêtement. Une fois porté, le vêtement se resserrerait sur le corps pour s'adapter à des zones spécifiques. Le tissage assisté par ordinateur peut permettre de fabriquer des tissus à couches et surfaces multiples.

Les alliages à mémoire de forme, tels que le nickel et le titane, peuvent être intégrés dans le tissu afin que ce dernier retrouve sa forme initiale à une certaine température. Ce principe est utilisé dans la fabrication des soutiens-gorge. La baleine du bonnet retrouve sa forme et la structure du soutien-gorge lorsque celui-ci est lavé en machine.

Tissus double étoffe

Melton
Laine fabriquée en général selon le procédé de double étoffe, mais non coupée par la suite. Le tissu ainsi produit est lourd, adapté à la confection de vêtements d'extérieur.

Velours de coton
Feutre ou étoffe tissée qui ressemble au velours double pièce. Fabriqué de la même manière que le velours double pièce, mais à partir d'un fil de coton.

2

3

1 Autres structures d'armure. À gauche (de haut en bas) : velours de soie, velours de coton, nervures larges, nervures fines. Au centre (de haut en bas) : deux motifs façonnés Ripstop, tissage local de coton à fils coupés, laine double étoffe. À droite (de haut en bas) : jacquard, moleskine, coton résiné, crêpe.

2 Robe à armure composée Eley Kishimoto, collection automne-hiver 2007.

3 Jean Evisu. La lisière est intégrée dans la couture de la jambe.

Le tricot

Le tricot a été introduit par les Égyptiens, mais ce n'est qu'au début du XVIe siècle que l'industrie de la maille s'est développée en Europe. Les métiers à tricoter ont été mis au point au cours de la seconde moitié du XVIIIe siècle pour répondre à la demande de bas à motifs. Le métier à tricoter circulaire a permis de fabriquer des tricots tubulaires pour la bonneterie. Au XIXe siècle, les marins et pêcheurs britanniques ont développé des styles de tricot à motifs et textures, qui ont toujours leur place dans la culture moderne. Le guernesey des pêcheurs, ou « gansey », est né à Guernesey dans les îles anglo-normandes. À une époque, on pouvait identifier la région d'origine d'un pêcheur au motif de son guernesey. La texture était importante. Elle intégrait souvent des torsades, qui pouvaient rappeler les cordages des pêcheurs. À l'origine, un tricot irlandais était de couleur crème et orné de motifs de torsades, de nids-d'abeilles, de losanges et de treillis. Ces motifs étaient transmis de génération en génération, souvent uniquement visuellement plutôt que par écrit sous la forme de patron. L'appellation « Fair Isle » désigne les tricots à motifs multicolores. Elle devrait toutefois uniquement être utilisée en référence aux couleurs et motifs particuliers du tricot shetland, Fair Isle étant une île au sud des îles Shetland (situées entre l'Écosse et la Norvège). L'influence d'un schéma populaire est évidente dans les motifs Fair Isle. Ils ne sont pas distribués de manière aléatoire mais semblent fonctionner sous forme de bandes. Les moutons Shetland produisent une laine douce de grande qualité, qui n'est pas tondue mais retirée à la main. La laine est disponible en diverses couleurs : blanc, crème, fauve, gris et noir. Elle est teinte à l'aide de lichen pour obtenir du rose pâle et du jaune pâle ainsi que des teintes de marron violacées. Les motifs des autres pays d'Europe sont plus audacieux et graphiques que les motifs britanniques. Le motif suédois Bjarbo était à l'origine rouge et bleu sur fond crème. Les motifs scandinaves se caractérisent également par des petites figures sur fond clair. En Norvège, l'étoile à huit branches était couramment mise en avant. À la fin du XIXe siècle et au début du XXe siècle, les modes ont changé. Femmes et hommes ont commencé à porter des pulls, des cardigans et autres articles en maille, vêtements de jour, de soirée et surtout de sport. En parallèle à l'augmentation du temps de loisir au XXe siècle, la maille est devenue de plus en plus importante pour les vêtements de sport, grâce à sa nature extensible, son confort et son pouvoir absorbant.

1 Chaussettes tricotées.

La fabrication du tissu

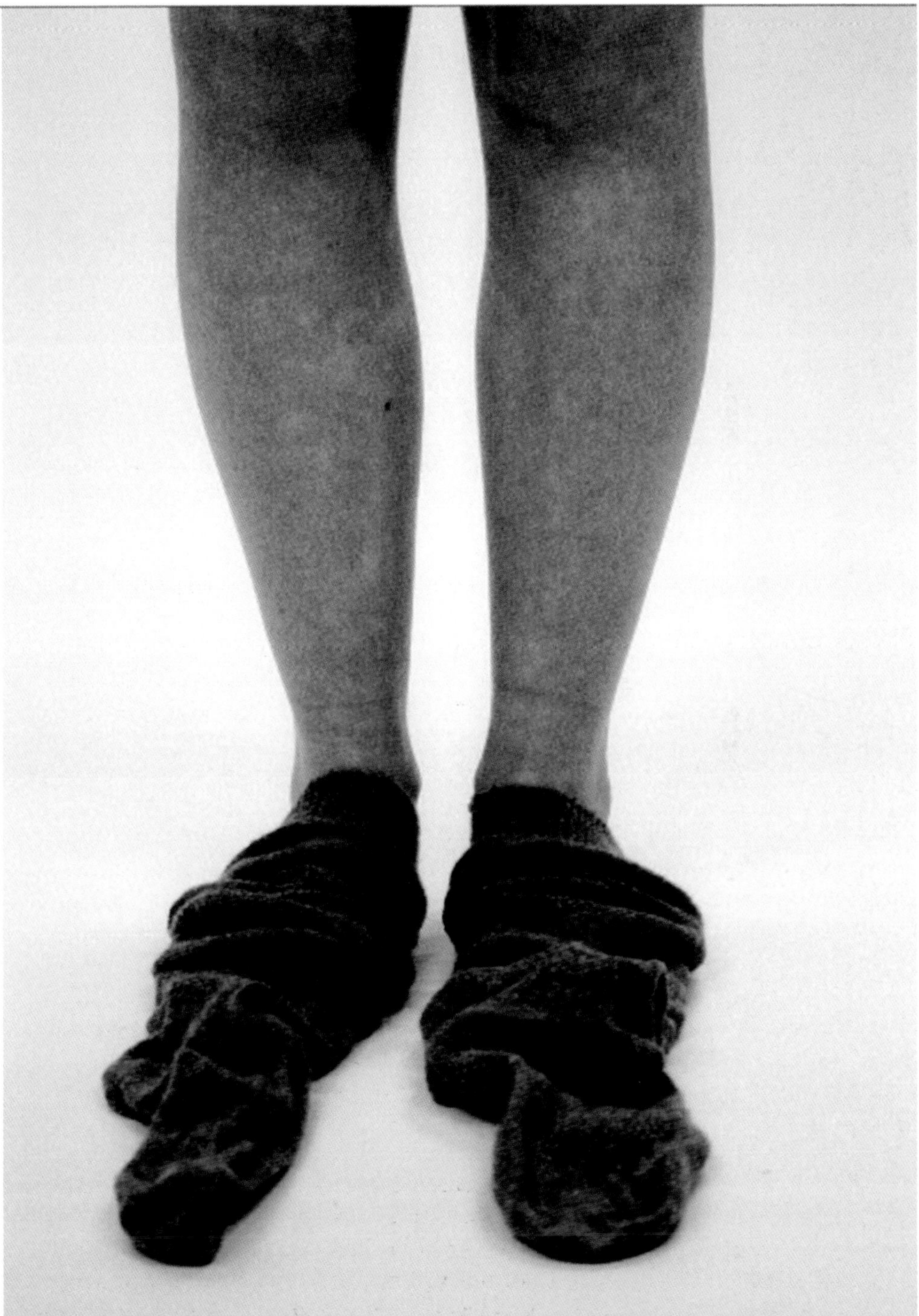

1

Les tissus tricotés

Les tissus tricotés sont constitués de boucles de longueurs de fil reliées entre elles, que l'on peut tricoter le long de la chaîne ou de la trame, donnant au tissu son caractère extensible. Un tricot se compose de rangées horizontales et de colonnes verticales. Le tricotage de trame consiste en un fil formé en boucles reliées entre elles tout au long de la rangée. Si vous sautez une maille, le tricot risque de filer jusqu'au bas de la colonne. Le tricot manuel en est un exemple parfait. Le tricotage de chaîne se rapproche davantage du tissage. Son élaboration est plus complexe et le tissu est moins susceptible de se défaire.

Les tissus en maille sont confortables à porter car ils sont extensibles, mais cela peut également signifier qu'ils peuvent se déformer et rétrécir sous l'effet de la chaleur, en particulier s'ils sont en laine. Ils ont davantage tendance à boulocher que les tissus tissés, car le tricot est souvent fabriqué à partir de filés plus lâches, qui boulochent plus facilement que les filés serrés. Vous pouvez obtenir différentes épaisseurs de tricot selon le point utilisé, la taille des aiguilles et l'épaisseur du fil. Les finitions maille peuvent modifier la qualité du tissu. Sous l'effet des températures élevées du lavage et de ses frictions, la laine, et donc les fibres peuvent se feutrer, rendant le tricot plus dense et moins extensible.

1 Sonya Rykiel, collection printemps-été 2008. La maille de ce vêtement crée graphiquement les caractéristiques de l'imperméable : ceinture, col et poche.

Jauge
Nombre de rangées et/ou de mailles par longueur/largeur d'un tricot, par exemple, cinq mailles par pouce.

1

Mailles de base

Vous pouvez créer des textures et des motifs en employant divers fils et différentes aiguilles, couleurs ou mailles. Les diverses mailles apportent au tricot une qualité décorative mais également physique. Une maille chargée ou torsadée, par exemple, accroît la densité du tissu. Le toucher et le drapé du coupon sont tout aussi importants que son aspect. Essayez diverses mailles, techniques et tensions pour créer une pièce unique. Vous pouvez broder certaines zones du tricot pour les mettre en avant, ou insérer des perles aux mailles afin d'obtenir un effet plus décoratif.

La maille coulée ou la maille flottante

Elles permettent de créer des motifs ou de changer de couleur en cours de tricotage. Le fil est tricoté, puis il flotte le long de l'envers du tricot avant d'être réutilisé. Évitez les flottés trop longs car ils peuvent s'accrocher et se coincer. Ils limitent également l'extensibilité du tissu et lui donnent un aspect plus lourd. Le Fair Isle et le jacquard s'appuient sur cette méthode pour créer des motifs. L'envers du tissu peut être utilisé comme endroit et les flottés coupés, là encore pour obtenir un effet décoratif.

2

L'intarsia

Des changements de fil permettent de créer des motifs. Toutefois, l'envers ne comporte aucun flotté. Il est ainsi possible de dessiner des motifs aux blocs de couleur plus conséquents.

3

2 Pull Winni Lok. L'endroit du tricot est utilisé pour le devant, tandis que le dos est monté sur l'envers du tricot, laissant apparaître les flottés.

3 Pull classique à motifs intarsia Sonya Rykiel en laine Marino.

La maille chargée

La maille est retenue sur l'aiguille tandis que le reste du tricot se poursuit, créant un effet de relief ou de creux. Des petits motifs type nid-d'abeilles aux effets bulle ou gaufrés de plus grande envergure, cette technique vous permet d'utiliser l'un ou l'autre côté du tissu, pour un effet gaufré ou de creux.

Le tricotage partiel

Vous choisissez des aiguilles spécifiques de manière à tricoter certaines mailles et à en retenir d'autres sur les aiguilles. Cette technique est employée pour obtenir un effet décoratif ou pour donner une forme particulière à un vêtement, une pince ou un évasement.

1

1 Haut classique Tao Comme des Garçons 100 % polyester à effet gaufré.

2 Cardigan Kenzo.

3 Pull Marc by Marc Jacobs.

4 Tricot à la main Clare Tough.

Le report de mailles

Une maille est reportée sur une autre aiguille pour créer un interstice lorsque les autres mailles sont tricotées. Vous pouvez reporter manuellement une seule maille ou des groupes de mailles à l'aide d'un outil prévu à cet effet et créer des motifs intéressants. La technique de la maille reportée ou du report de mailles est utilisée en Europe depuis le XVe siècle, mais ce n'est qu'au XVIIIe siècle qu'elle a gagné en popularité, suite aux importations de coton de qualité d'Orient. Le fil utilisé était en majorité non teint, aussi l'appelait-on « tricot blanc ».

2

Les torsades

Les mailles sont transférées le long du tricot pour créer des groupes de mailles torsadées en relief. Les torsades sont plus couramment employées en tricot à la main car elles permettent de créer des motifs en relief. Il est toutefois possible de créer des torsades sur un métier à tricoter à fontures en V. La laine est idéale pour cette technique en raison de son élasticité. Les mailles peuvent ainsi s'étirer lors de leur report.

3

La trame partielle

Un fil est tissé au sein du tricot ou déposé sur celui-ci, puis accroché par les mailles. Contrairement au fil tricoté normalement, ce fil déposé ne forme pas de boucles. Il tend donc à limiter l'extensibilité du tricot. Des fils qui seraient en principe trop gros, trop fins ou pas suffisamment lisses pour être tricotés peuvent aisément être intégrés au tricot suivant cette méthode.

Le tricot manuel

Le tricot manuel permet d'obtenir divers poids de tissu et se distingue par un aspect fait main très caractéristique. Le tricot manuel convient parfaitement aux torsades et tricots très lourds. Il est possible de créer un tissu très rapidement à l'aide de fil épais et de grosses aiguilles. C'est également un mode de fabrication très mobile car vous pouvez l'emporter et y travailler partout.

4

1

1-2 Métiers à tricoter Dubied et domestiques.

3 De haut en bas : airtex, rayure jersey simple, interlock, piqué, tissu pour sweat-shirt à envers bouclé, tissu pour sweat-shirt à envers molletonné, côtes.

4 Christian Wijnants 2007, robe en jersey de soie extensible avec imprimé marbré numérique.

2

Le tricot mécanique

Le tricot était à l'origine une activité manuelle. Il s'est ensuite mécanisé pour en permettre la production de masse. Le fil peut être tricoté à plat ou de manière circulaire, en coupon ou aux mesures du vêtement. Les chaussettes sont un exemple parfait de tricot mécanisé façonné.

Sur les métiers domestiques, des cartes perforées permettent de choisir les aiguilles plus rapidement qu'à la main afin de créer des motifs et des textures. La carte est insérée dans le métier à tricoter et sélectionne la position des aiguilles, rangée par rangée. Vous pouvez acheter des cartes préperforées ou les perforer selon un motif particulier. Les métiers à tricoter et Jacquard informatisés permettent de créer des tissus à motifs sophistiqués à partir de dessins ou de photos grâce à un jeu d'aiguilles complexe, sur des surfaces d'une étendue quelconque. La CAO permet également de modifier des motifs à tricoter en quelques instants selon les modes.

Il est important de ne pas utiliser un fil trop épais par rapport aux capacités du métier à tricoter. Ce dernier pourrait se bloquer ou le fil rompre. Il est en revanche possible d'intégrer un fil épais au sein du motif. Certains fils plus foncés peuvent se tricoter de manière différente que les fils clairs. La teinture en a modifié les propriétés et les a rendus moins élastiques. La laine est la fibre idéale pour le tricot car elle retrouve sa forme après avoir été étirée ou déformée. À l'inverse, le coton peut s'avérer difficile à tricoter en raison de son manque d'élasticité et de sa tendance à se rompre plus facilement.

Sur les métiers domestiques, des dispositifs d'aide à la mise en forme permettent à l'utilisateur de créer facilement des tricots de diverses formes, sans avoir à compter manuellement les mailles et les rangées.

Les métiers à tricoter comportent des fontures d'aiguilles horizontales. Chaque aiguille crée une colonne de mailles dans le tissu. Les métiers à fonture simple disposent d'une série d'aiguilles, toutes créant des mailles jersey dans le même sens. Les métiers à fonture double ou en V comportent deux séries d'aiguilles disposées l'une en face de l'autre. Elles permettent de fabriquer des tricots doubles ou côtelés. Les métiers Stoll, Shima Seiki et Protti, sont quelques exemples de métiers à tricoter électroniques. Le métier Dubied est actionné à la main.

La fonture simple

Fabriqué à l'aide d'une fonture simple d'aiguilles, le jersey simple comporte une maille endroit et une maille envers. Ce tissu peut être lourd ou léger. Il risque de filer et a tendance à s'enrouler lorsqu'il est coupé. On l'utilise en tricot plus lourd pour les sweat-shirts, l'envers étant bouclé et brossé pour obtenir un effet molletonné.

La fonture double

L'interlock, ou jersey double, est fabriqué par une double rangée d'aiguilles. Identiques, l'endroit et l'envers présentent une maille de tricot ou une côte 1 x 1.

Les tricots à côtes ou texturés sont fabriqués à l'aide de deux fontures d'aiguilles, qui tricotent tour à tour une maille endroit et une maille envers. Les côtes peuvent servir de finition, aux poignets ou à la taille, lorsque le vêtement doit être froncé.

Leur mode de fabrication leur apporte une plus grande flexibilité. On peut également employer des côtes pour l'ensemble d'un vêtement. Les côtes 2 x 2 comportent deux colonnes de mailles endroit puis deux colonnes de mailles envers, tour à tour, sur toute la largeur de la pièce de tissu. Les côtes 3 x 3, trois colonnes de mailles, etc. Les tricots en maille côte sont davantage extensibles que les tricots en jersey simple.

3

4

Le tricot circulaire

Les métiers à tricoter circulaires permettent de fabriquer des tubes de tricot. Ils tricotent en continu et sont donc très rapides. Il est possible de commencer une rangée sans attendre que la précédente soit terminée. En revanche, le tissu peut s'enrouler en raison du procédé de fabrication. Pour en extraire une pièce de tissu plate, on découpe le tube puis on scelle les bords avant de les traiter. N'étant pas finis par une lisière, ils pourraient se défaire.

Les tricots chaîne

Les tricots chaîne sont d'ordinaire fabriqués sur un métier à tricoter plat. Les métiers Tricot produisent des tissus lisses et simples à partir de fils fins, tandis que les métiers Raschel permettent de fabriquer des tissus davantage structurés, ajourés, à partir de fils plus lourds. Les dentelles, filets extensibles et filets fins, se fabriquent sur un métier Raschel. Les dernières innovations dans le domaine des tricots chaîne ont donné naissance aux vêtements sans coutures. Issey Miyake se démarque pour sa ligne de vêtements tubulaires A-POC (A Piece Of Cloth). Chaque vêtement de cette ligne est découpé dans un tube de tricot. Les démarcations ne filent pas une fois coupées. La personne qui porte le vêtement interagit avec celui-ci et peut le personnaliser en exploitant les lignes de démarcation selon ses besoins.

Les autres méthodes de fabrication

Types de dentelle

Point d'Alençon
Dentelle à l'aiguille.
Motif cordelette travaillé sur mailles.

Chantilly
Fine dentelle très travaillée représentant fréquemment des motifs de fleurs ou de vignes.

Cluny
Dentelle aux fuseaux, typiquement française.

Point-de-rose
Dentelle à l'aiguille aux motifs en relief complexes.

Il existe de nombreuses autres méthodes de fabrication de tissu en dehors du tissage et du tricot, qui permettent de fabriquer divers types de tissu, de l'aspect artisanal et décoratif aux créations fonctionnelles et à la pointe de la technologie.

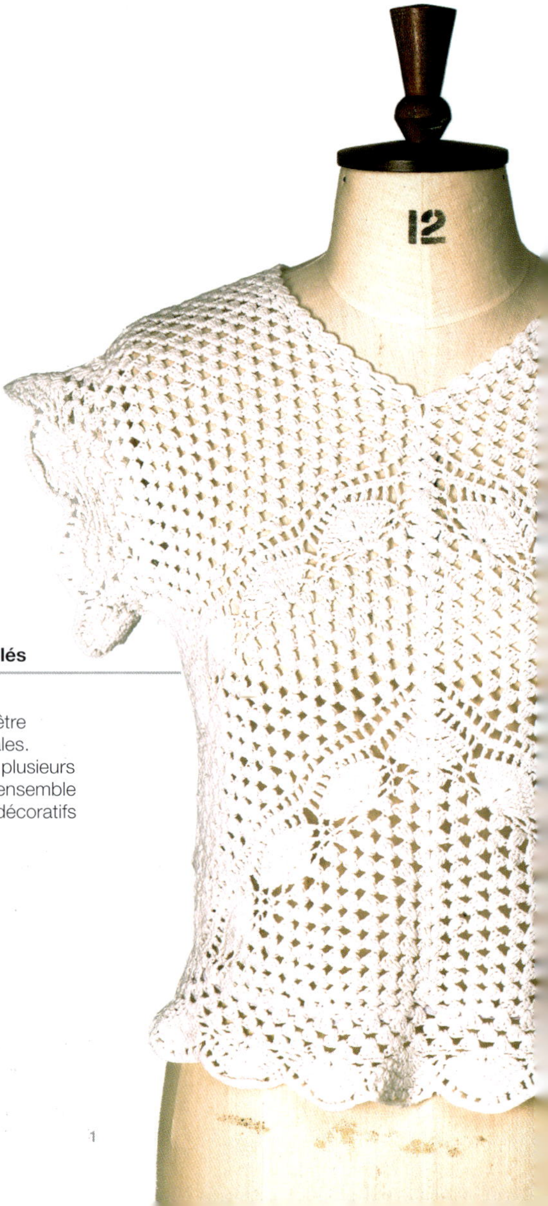

Tissus noués et entortillés

1 Haut classique réalisé au crochet.

2 Divers échantillons de dentelle.

Ces techniques peuvent être qualifiées de plus artisanales. Elles consistent en un ou plusieurs fils entortillés puis noués ensemble pour produire des tissus décoratifs et ajourés.

1

Le crochet

Le terme crochet est dérivé du mot « croc ». Les points sont réalisés en faisant passer une ou plusieurs boucles au travers des boucles précédentes d'une chaîne, à l'aide d'un crochet simple. Ce processus peut être développé afin de créer un tissu à motifs. Différent du tricot, le crochet est entièrement constitué de boucles, fermées uniquement lorsque le bout libre passe à travers la dernière boucle. Les crochets existent en différentes tailles, afin de produire des structures de tissu différentes. Lorsque vous employez des petites aiguilles et du fil fin, vous obtenez un tissu semblable à de la dentelle, tandis que des crochets et des aiguilles plus gros permettent de fabriquer un tissu moins fragile. Pour obtenir des textures particulières, vous pouvez soit enrouler le fil autour du crochet avant de le nouer, soit nouer des points par-dessus des points déjà réalisés. Vous pouvez fabriquer des tissus plus ajourés en créant des barres et des lignes de points. Vous pouvez également fabriquer du tissu en accumulant les rangées de points ou en travaillant de manière circulaire, du centre vers l'extérieur.

2

Le macramé

Le macramé consiste à nouer du fil, de manière décorative. Il donne un aspect artisanal au tissu ainsi fabriqué.

La dentelle

La dentelle permet de créer un tissu léger et ajouré. Les espaces négatifs des motifs de la dentelle sont tout aussi importants que les points positifs. La dentelle à l'aiguille s'appuie sur des techniques de broderie ; la dentelle aux fuseaux sur des techniques de tressage. Ces deux procédés ont vu le jour à la fin du XVIe siècle. Ils représentaient à l'époque les types d'ornementation les plus onéreux. En Europe, la production de dentelle était principalement basée en Italie, en France et en Belgique. La dentelle produite portait le nom de sa région d'origine. La dentelle irlandaise au crochet est née de la dentelle à l'aiguille italienne du XVIIe siècle. L'Irlande en est devenue le principal producteur à partir du XIXe siècle. La dentelle est redevenue à la mode au début du XXe siècle, avec des motifs représentant souvent des formes inspirées de la nature et des insectes, dans un style Art nouveau.

La dentelle était à l'origine réalisée à la main. Elle est aujourd'hui principalement fabriquée sur le métier Levers. Les métiers à tricoter Raschel peuvent être employés pour fabriquer des tricots de type dentelle, et les machines à broder Schiffli pour fabriquer de la broderie similaire à de la dentelle.

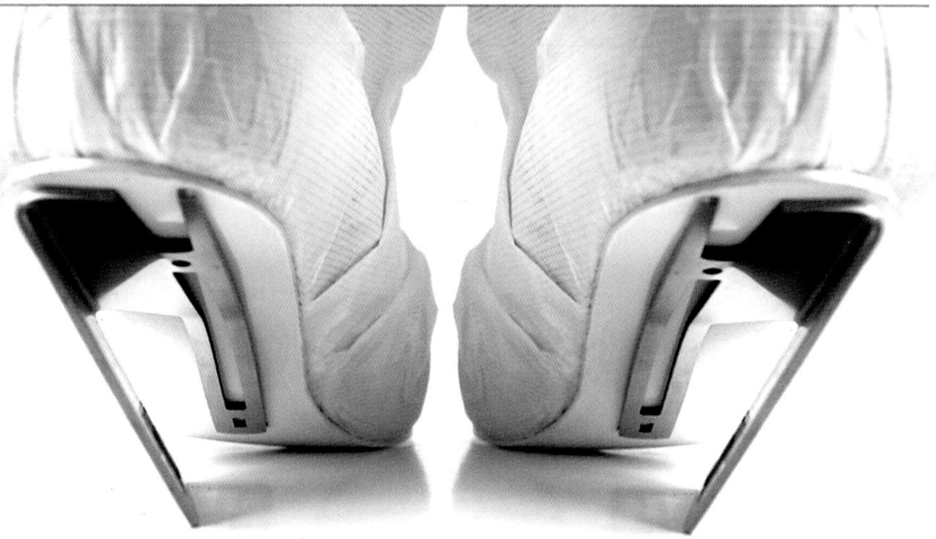

1

Les étoffes non tissées

Les étoffes non tissées peuvent être employées pour la confection de vêtements, mais également pour les doublures, renforts et revêtements intérieurs des chaussures et des sacs. De par leur mode de fabrication, les étoffes non tissées ne présentent pas de grain et ne s'effilochent pas comme les étoffes tissées. Elles conviennent bien davantage aux vêtements et accessoires que l'on veut plus résistants et fiables. D'autres modes de fabrication ne s'appuyant pas sur le tissage sont en cours de développement pour la prochaine génération de tissus.

La fabrication chimique ou mécanique

La chaleur, la friction ou les produits chimiques peuvent permettre de comprimer ensemble les fibres et de fabriquer des tissus. Le feutre, les feuilles de caoutchouc et le Tyvek® en sont quelques exemples. Produit par la société DuPont, le Tyvek® est fabriqué par enchevêtrement de fibres, de manière similaire au papier. Son revêtement le rend indéchirable, résistant à l'eau, recyclable et lavable en machine.

Il est possible de fabriquer des tissus à partir de solutions (mousses et films par exemple).

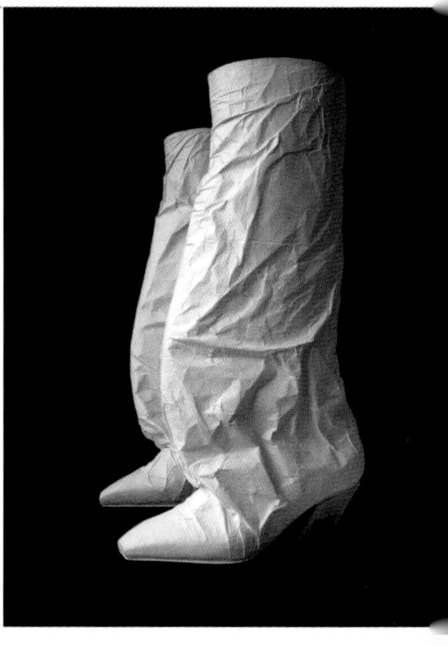

2

La pulvérisation

Manel Torres a mis au point un procédé de fabrication de tissu qui consiste à pulvériser littéralement les fibres depuis une bombe. Le tissu peut ainsi être pulvérisé directement sur le corps. Il est possible d'insister sur certaines zones pour les rendre plus épaisses. Aucun dispositif de fermeture n'est nécessaire car après utilisation, le vêtement est découpé puis enlevé. Le tissu épouse les formes du corps. Pour obtenir une forme particulière, le tissu peut être pulvérisé sur des moules afin de modeler le vêtement. Manel Torres combine ainsi stylisme et chimie.

3

Le modelage 3D

L'informatique permet de créer des objets en trois dimensions. À ce jour, la technologie d'impression tridimensionnelle a dépassé le stade des prototypes simples, dont les industries d'ingénierie ont pu bénéficier. La conception de chaussures de sport tire parti de cette technologie informatique. Elle permet de réaliser une cartographie tridimensionnelle du corps et de produire un vêtement qui épouse parfaitement ses formes.

1-2 Bottes sans lacets Marloes ten Bhömer en Tyvek®, cuir et acier inoxydable. Ces bottes renvoient à l'esthétisme de la destruction pour créer une nouvelle silhouette. L'avant de la botte est déformé et bosselé. L'arrière d'une botte sans lacets est d'ordinaire très droit afin de permettre au pied de glisser dans la botte. Grâce à cette coupe, l'arrière de la botte épouse le mollet et la jambe.

3 Robe Manel Torres en tissu pulvérisé.

12
12
STUDENT-FORM
kenneform
Kennett & Lindsell Ltd

« Mes créations pour hommes et femmes sont relatives à l'individu, l'image, le concept. C'est un style, pas la mode. »

Ralph Lauren dans *Fashion: Great Designers Talking*, d'Anna Harvey

1 Emma Cook, collection automne-hiver 2007. Cette collection est inspirée des oiseaux, des motifs de plumes, imprimés par pigments et flocage, à la robe entièrement recouverte de plumes, pour un dégradé de couleurs et de motifs.

Une fois le tissu fabriqué, il peut être optimisé ou modifié par l'application de divers types de traitements de surface. Ces traitements permettent d'apporter aux textiles de la couleur, de créer des motifs ou une certaine texture. Les techniques employées comprennent l'impression, la couture, le travail du tissu, la broderie de perles et l'ornementation. Il est important de réfléchir à la technique la plus adaptée au tissu que vous travaillez. Un tissu au tissage lâche conviendra mieux pour un ouvrage à jours (abordé plus loin dans ce livre), tandis qu'un tissu au tissage serré sans poils sera plus facile à imprimer. Il est judicieux de réfléchir à la fonction du tissu : on peut le rendre réfléchissant par l'application d'un apprêt imprimé ou en augmenter les propriétés calorifuges en intégrant un rembourrage. Certaines techniques peuvent être intéressantes pour un échantillon, mais ne pas l'être pour un vêtement. La déconstruction de la structure du tissu, par dévorage ou ouvrage à jours par exemple, peut le rendre trop fragile, un excès d'ornements peu pratique et lourd. Le tissu peut-il être porté plusieurs fois ? Peut-il être lavé ou nettoyé à sec ? Testez par exemple un échantillon du tissu que vous créez. Cherchez un pressing qui acceptera de traiter quelques échantillons.

L'impression

1 Collection Peter Pilotto automne-hiver 2007.

2 Exemples de tissu peint à la main et de son inspiration.

3 Planches d'impression.

Les techniques d'impression au cadre, à la planche, au rouleau, monotype, manuelle ou numérique permettent d'appliquer un imprimé au tissu. Vous pouvez varier les matériaux d'impression (pigments, teintures, flocs ou paillettes) pour obtenir des motifs, couleurs et textures spécifiques.

Les procédés

Bien que certains procédés conviennent davantage à des tissus particuliers, il est intéressant de faire des essais. Un tissu pourrait en effet réagir de manière inattendue. Notez soigneusement les procédés que vous essayez afin de pouvoir y revenir ultérieurement.

Réfléchissez à votre approche du motif du tissu : son échelle, sa position, sa répétition ainsi que les proportions des couleurs auront une influence sur l'aspect général du tissu et donc du vêtement qu'il va servir à créer.

1

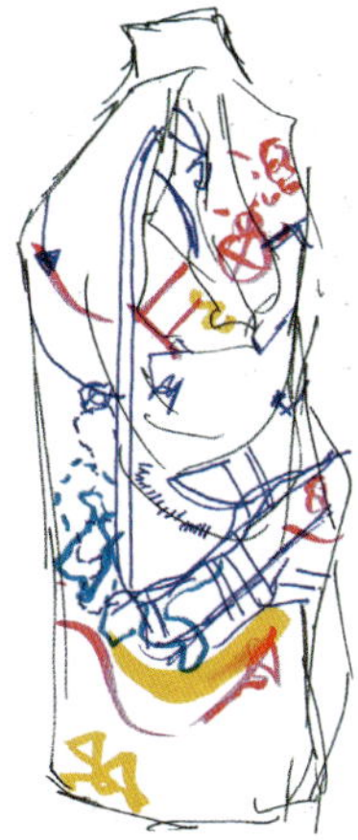

2

La peinture à la main

Comme son nom l'indique, l'impression monotype produit un imprimé unique. Les encres sont appliquées à une surface, ensuite inversée et transférée sur le tissu, afin de produire un imprimé. La peinture à la main consiste à intervenir directement sur le tissu à l'aide d'un des nombreux outils possibles (pinceaux, éponges, etc.). La peinture à la main donne un aspect artisanal mais peut en revanche s'avérer lent pour une pièce d'une certaine longueur.

L'impression à la planche

3

L'impression à la planche représente l'un des tout premiers procédés d'impression. On grave un motif sur un matériau dur (bois, lino ou caoutchouc, par exemple), par estampage ou sculptage de la surface, afin d'en produire une image en négatif. La planche ainsi obtenue est recouverte d'encre et appliquée et pressée sur le tissu pour dessiner une empreinte. En 1834, Louis-Jérôme Perrot inventa la mécanisation de l'impression à la planche de bois, rendant ainsi possible l'impression de motifs multicolores. L'impression à la perrotine a permis la production en masse d'étoffes imprimées.

L'impression au rouleau

L'impression à la plaque de cuivre plane a vu le jour dans les années 1770, permettant l'impression de larges motifs répétés aux détails minutieux. Ces imprimés étaient principalement monochromes, agrémentés de couleurs supplémentaires par impression à la planche ou peinture à la main. Ce procédé s'est développé en presse à rouleau, brevetée par Bell en 1783. Le tissu pouvait ainsi être imprimé sur une longueur continue et produit en masse. L'impression multicolore suivant ce procédé a été mise au point peu de temps après.

1-2 Robe Marc by Marc Jacobs, collection automne-hiver 2006. Le tissu a été imprimé par procédé rotatif. Chaque couleur, y compris le fond foncé, est imprimée. L'impression rotative permet d'éviter les raccords.

3 Robe Cathy Pill imprimée en numérique.

2

L'impression au cadre

L'impression au cadre nécessite un dessin, de l'encre, une raclette et un « cadre de soie », c'est-à-dire une pièce de soie tendue sur un cadre uniformément. La première étape consiste à réaliser un pochoir du dessin, qui est ensuite appliqué sur le cadre. Il bloque ainsi la soie de sorte que l'encre pénètre uniquement via les zones « positives » du dessin. Le cadre est positionné sur le tissu et l'encre répartie uniformément sur le cadre à l'aide de la raclette, laissant une image imprimée sur le tissu. L'imprimé est ensuite fixé à chaud sur le tissu afin de ne pas s'effacer au lavage. Pour les dessins multicolores, on utilise des cadres différents pour chaque couleur. Le procédé d'impression au cadre remonte au XVIIe siècle. Le cadre consiste aujourd'hui en un filet de nylon ou de polyester plus robuste et le pochoir est traité par émulsion photographique.

1

L'impression rotative

L'impression au cadre rotatif implique une série de cadres rotatifs, qui consistent en un filet métallique fin. La raclette incorporée force la pâte au travers du filet pour qu'elle se dépose sur le tissu. Le dessin est gravé au laser sur le filet métallique à partir d'un ordinateur ou soumis à un procédé photographique. Le procédé d'impression au cadre rotatif est plus rapide et efficace que l'impression au cadre plat.

L'impression par transfert

Un dessin est imprimé à l'aide de colorants de dispersion sur un papier transfert que l'on laisse sécher. Le papier est ensuite placé sur le tissu, face colorée vers le bas. Le dessin est transféré sur le tissu par application de chaleur et pression. Le papier transfert ne peut pas être réutilisé car l'intégralité des colorants est transférée sur le tissu. Le processus de sublimation de l'impression par transfert permet aux colorants de pénétrer le tissu, pour ne pas demeurer simplement à sa surface. Ce procédé confère à l'étoffe un toucher agréable et n'affecte pas son caractère respirable. Il est employé pour les tissus synthétiques. Les tissus non synthétiques peuvent également être imprimés ainsi mais ils doivent au préalable être recouverts d'un enduit.

L'impression numérique

L'impression par jet d'encre des textiles est un procédé très différent des autres procédés d'impression en raison du mécanisme sans contact de la tête d'impression, mais également du mode de production des diverses couleurs d'un dessin. L'encre est propulsée via les buses sur la surface du tissu sous forme de série régulière de gouttes, imprimant le dessin ligne après ligne. On emploie en général un jeu d'encres comprenant au moins trois ou quatre couleurs primaires, à savoir cyan (turquoise), magenta, jaune et éventuellement noir, les encres CMJN. La plupart des imprimantes à jet d'encre ont à l'origine été conçues pour l'impression du papier. De ce fait, les caractéristiques techniques s'apparentent davantage à celles utilisées en reprographie qu'à celles d'une imprimante textile. On parle en principe d'encres plutôt que de solutions colorantes, de dispersions de pigments ou de pâtes d'impression. De même, la résolution d'impression s'exprime en général en points par pouce (ppp) ou en lignes par pouce (lpp). Aujourd'hui, les deux principales imprimantes textiles numériques sont l'imprimante à jet d'encre néerlandaise Stork et l'imprimante textile numérique japonaise Mimaki.

Les progrès technologiques permettent aux fabricants d'employer des pigments plutôt que des colorants pour la fabrication des encres destinées à l'impression textile numérique. Les pigments sont plus résistants à la lumière et au lavage que les colorants, et souvent moins onéreux. Cependant, les encres pigmentaires s'avèrent moins fluides, propriété importante pour la distribution de l'encre via les buses. De plus, les développements technologiques en impression numérique ont permis d'optimiser l'adhésion des encres pigmentaires sur la surface des tissus. Vous pouvez imprimer des encres pigmentaires sur une vaste gamme de fibres et de tissus, tandis que les encres à base de colorants conviennent uniquement à des types de fibres et de tissus particuliers.

Lorsque vous souhaitez utiliser des encres à base de colorants, le tissu doit au préalable être enduit d'un revêtement chimique. Il est ensuite imprimé puis soumis à un processus de fixation par vapeur, afin que l'encre adhère bien au tissu. Le tissu est enfin lavé afin d'éliminer le revêtement. Ce processus de fixation est inutile lorsque vous utilisez des encres pigmentaires, ce qui s'avère donc plus économique en termes de frais d'exploitation. Contrairement aux encres à base de colorants, les encres pigmentaires n'ont pas besoin de solvants pour dissoudre la substance colorante. Ces solvants contiennent souvent des composants organiques volatiles.

Les encres à base de colorants sont donc plus polluantes que les encres pigmentaires.

Grâce à l'impression numérique, le créateur de textiles travaille directement de l'ordinateur à l'étoffe, sans passer par le dessin papier. Il peut obtenir des images de très haute définition et imprimer de nombreuses couleurs sans avoir besoin d'autant de cadres. Il peut superposer un nombre infini de couches et obtenir des images tridimensionnelles subtiles. Les répétitions d'un motif peuvent être de toute taille, sans limites de taille des cadres.

3

Les matériaux d'impression

Pour réussir vos imprimés, il est essentiel de choisir les matériaux appropriés. Ils doivent adhérer correctement au tissu et respecter son toucher. Pour obtenir de la couleur et des motifs, on applique des encres et des pigments. Certains procédés d'impression permettent également de créer des textures particulières. Des produits chimiques sont employés pour obtenir un effet de relief à la surface du tissu ou pour « ronger » le tissu et créer un aspect déstructuré.

1 Manteau en feutre de laine Jean-Pierre Braganza avec imprimé plastisol, collection automne-hiver 2007.

Les encres

Pour imprimer une couleur, on emploie un colorant accompagné d'un agent épaississant à base d'huile ou d'eau pour empêcher le colorant de déteindre. Les encres à base d'huile sont plus opaques, plus lourdes et ont tendance à rester à la surface du tissu. Ces encres sont proposées dans une vaste gamme de couleurs et de finitions, notamment perlées, métalliques ou fluorescentes. Les encres à base d'eau offrent au tissu un meilleur toucher, car l'agent épaississant peut être éliminé au lavage une fois le tissu imprimé et fixé. Pour imprimer un tissu extensible, on ajoute parfois à l'encre un agent extenseur pour optimiser la qualité de l'imprimé afin qu'il ne se craquelle pas lorsque le tissu est étiré.

Types de matériaux d'impression

Luminescent
Invisible à la lumière du jour, visible à la lumière infrarouge ou ultraviolette.

Fluorescent
Réfléchit la lumière du jour ou ultraviolette.

À paillettes
Encres fines scintillantes monochromes ou polychromes.

Holographique
Fonctionne sur les interférences de faisceaux, varie selon l'angle de vue et très contrasté.

Hydrochromatique
Réagit à l'eau.

Opaque
Non transparentes, idéales pour imprimer sur des tissus foncés.

Perlé
Effets multicolores doux et changeants selon l'angle de vue.

Phosphorescent
Une fois chargé de lumière du jour, luit dans l'obscurité.

Piézochromatique
Réagit à la pression.

Polychromatique
Effets aux couleurs changeantes.

Réfléchissant
Réfléchit directement la lumière visible.

Thermochromatique
Change de couleur en fonction de la température.

Transparent
Couleurs avec un faible degré d'opacité.

L'impression par rongeage

Un tissu peut également être soumis à un processus d'impression par « rongeage ». Il doit tout d'abord être teint à l'aide d'un colorant rongeable. (Pour déterminer si un colorant est rongeable, consultez les informations fournies par le fabricant.) On imprime ensuite sur le tissu une substance qui décolore ou « ronge » le colorant. L'impression par rongeage peut s'avérer utile pour obtenir une image pâle sur un fond sombre.

La pâte à dévorage

Les tissus composés à la fois de fibres naturelles et de fibres synthétiques, en chaîne ou en trame, peuvent être imprimés d'une pâte à dévorage. Chauffée, cette pâte brûle l'une des fibres. La fibre restante dessine ainsi un motif.

Flocage, paillettes et métal

Il est également possible d'imprimer de la colle sur le tissu, puis d'appliquer du papier floc par pression à chaud. Le floc adhère à la colle et crée un effet de velours en relief. Vous pouvez également appliquer des paillettes et du métal pour obtenir des effets particuliers.

2

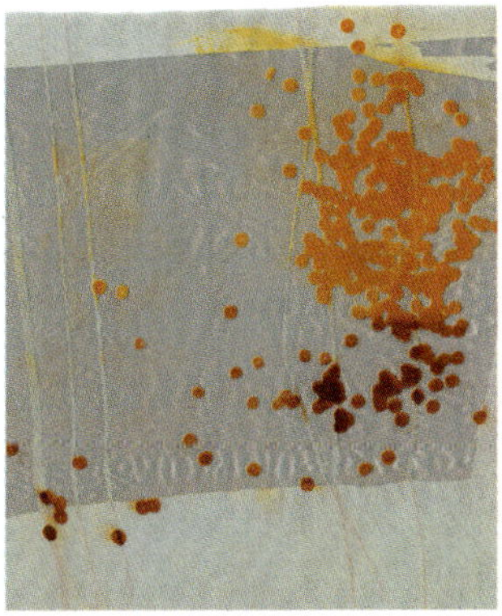

3

4

3D

Une fois imprimée et chauffée, l'encre se dilate à la surface du tissu. Expantex est une marque de produit chimique qui crée un effet gaufré sur le tissu, à la texture caoutchouteuse. Pour obtenir un effet de relief, vous pouvez imprimer un tel produit sur l'envers d'un tissu léger ou qui se drape aisément. Le produit déforme le tissu et crée des effets 3D sur l'endroit du tissu.

5

2 Une pâte à dévorage claire a rendu bleu pâle certaines zones de ce coupon de Denim.

3 Exemple d'impression par dévorage.

4 Coton imprimé par procédé numérique et orné localement de morceaux de feuille de métal couleur bronze.

5 Robe Tata-Naka en jersey chiné gris avec volant de nylon, collection automne-hiver 2007. Le haut de la robe présente un imprimé 3D sur organza de soie.

Les motifs

Au fil du temps, les motifs des textiles ont été regroupés en divers styles. Vous devez connaître ces styles afin de bien communiquer avec d'autres stylistes ou clients. Ces styles reflètent la grande diversité d'imprimés possibles.

Floraux

Les motifs de fleurs représentent le style le plus répandu. Ils sont réinventés à chaque saison. Les feuilles et graminées rentrent également dans cette catégorie. Les fruits, légumes et arbres sont en revanche qualifiés de fantaisie. Les fleurs peuvent être resserrées en bouquets ou étalées plus librement sous forme de branches. Les brins représentent des tiges de fleurs individuelles et plus petites.

Chintz

Ce tissu est en général d'aspect glacé. À l'origine, il était enduit de cire, d'amidon ou de résine. On pensait que ce procédé offrait une meilleure protection contre la poussière et les tâches. Cet aspect glacé est désormais obtenu par calandrage mécanique. Les motifs floraux sont les imprimés le plus souvent associés au chintz.

Toile de Jouy

Au XVIIIe siècle, la ville de Jouy produisait des tissus en coton imprimés. L'un d'eux représentait le processus d'impression de la fabrique dans un paysage extérieur, reproduit plusieurs fois. Ce nom est aujourd'hui associé à tout motif qui représente un paysage ou une scène pastorale répété. Il est d'ordinaire imprimé en couleur sur un fond pâle, façon gravure (voir page 13).

Indiennes

Ces motifs sont une version des tissus en coton indiens peints à la main importés en Europe au XVIIe siècle.

1

1 Viktor & Rolf, collection automne-hiver 2007. Catwalking.com.

2 Exemple de motif Ditsy, Furphy Simpson.

3 Trompe-l'œil, Jenny Udale.

4 Exemple de motif all-over, Jenny Udale.

5 Exemple de rayures, Kenzo.

6 Exemple de pois, Kenzo.

2

3

4

Ditsy

Petits motifs simples regroupés et éparpillés sur le fond.

Trompe-l'œil

Motif qui semble être en relief.

Rayures

Bandes de couleur parallèles.

All-over

Motifs imprimés sur toute la surface du tissu, occupant plus d'espace que le fond.

Pois

Cercles de couleur unie.

5

6

1

2

3

Ethniques

Motifs de style exotique, en général associés à l'Afrique ou à l'Inde.

Géométriques

Motifs angulaires, souvent abstraits ou non figuratifs.

Fantaisie

Images d'objets ou de créatures de tous les jours, répétées et qui forment parfois un récit. Les imprimés fantaisie que l'on retrouve sur les caleçons rentrent dans cette catégorie. Le choix des objets mis en scène permet souvent d'identifier facilement la période à laquelle le tissu a été fabriqué, ces objets étant représentatifs de la mode de l'époque.

Tartan

Le tartan se compose de bandes horizontales et verticales de plusieurs couleurs qui se croisent. Les croisements de bandes créent des mélanges de couleurs. Ce motif de carreaux, le « sett », est reproduit sur toute la longueur du tissu. Étoffe à l'origine tissée, le tartan est aujourd'hui utilisé pour de nombreux autres matériaux. Il est surtout associé aux pays celtiques, tout particulièrement à l'Écosse.

Paisley

Le motif paisley est né d'une forme végétale stylisée que l'on pouvait observer sur les châles indiens en cachemire aux XVIIe et XVIIIe siècle. Au XIXe siècle, la ville écossaise de Paisley produisit des châles en cachemire représentant ce motif. Le motif est aujourd'hui devenu synonyme du nom Paisley.

4

5

6

7

8

Carreaux

Lignes verticales et horizontales qui se croisent à angles droits.

Ombrés

Dégradé d'une couleur qui se fond dans une autre.

Folkloriques

Souvent représentatifs d'un style qualifié de « paysan », ces motifs sont inspirés des cultures européennes.

Chinoiserie

Ce terme fait référence aux dessins européens s'inspirant de motifs chinois (pagodes, dragons, lanternes et temples).

Animal

Fausses peaux d'animaux imprimées, qui imitent en général les peaux de gros félins ou de serpents.

Psychédéliques

Imprimés acides de type néon, née dans les années 1970.

Vichy

Lignes horizontales et verticales de même couleur et de même largeur qui se croisent à angles droits pour créer des petits carreaux.

Camouflage

Style inventé pour que les troupes au combat puissent se fondre dans leur environnement. Après la guerre du Vietnam, les manifestants antiguerre portaient ces motifs pour affirmer leur opposition. Adopté par les jeunes, le camouflage est devenu un style plus courant.

9

10

1 Exemple de motifs ethniques, Rory Crichton pour Luella, collection printemps-été 2004.

2 Motif fantaisie (classique Liberty).

3 Motif paisley classique.

4 Motif géométrique, Eley Kishimoto.

5 Motif tartan, Kenzo.

6 Carreaux, Furphy Simpson.

7 Motif folklorique, Furphy Simpson.

8 Chinoiserie, Furphy Simpson.

9 Exemple de motif ombré, Louise Henriksen.

10 Imprimé animal, Spijkers en Spijkers.

La broderie et le travail du tissu

Détails

Pour un dessin très détaillé, il peut s'avérer utile de commencer par tracer celui-ci à main levée sur le tissu. Vous pouvez également vous servir d'un crayon transfert que l'on emploie en broderie, afin d'ébaucher un motif sur papier. L'image du motif peut ensuite être transférée sur le tissu en utilisant un fer à repasser.

La broderie peut être réalisée avant ou après la construction du vêtement. Elle peut se concentrer sur des zones précises ou faire partie intégrante du motif d'ensemble du tissu. La broderie peut servir à orner la surface du tissu pour l'embellir, ou mieux, elle peut participer pleinement à la fonction du vêtement. Vous pouvez par exemple travailler une boutonnière avec un point de broderie ou modifier la coupe d'un vêtement simple en brodant des smocks.

La broderie contemporaine s'appuie sur des techniques traditionnelles. La broderie à la main constitue la base de ces techniques. Une fois que vous en maîtrisez les principes, vous possédez la base d'une grande variété de techniques. Les trois points élémentaires de la broderie sont le point plat, le point noué et le point de chaîne.

1 Création Manish Arora, collection printemps-été 2007. Catwalking.com.

2 Exemple de broderie, Hannah Maughan.

1

Les points de base

Les points plats (point devant, point passé plat ou point de croix, etc.), sont brodés à la surface du tissu, tandis que les points noués (nœud français ou nœud pékinois, etc.), apportent de la texture au tissu. Les points de chaîne, tels que le point de chaînette, sont liés par des boucles. Les possibilités de développement autour des points de base sont immenses. Il est possible d'obtenir des textures et des motifs fascinants en utilisant plusieurs types de fil ou en modifiant l'échelle et l'espacement des points. Vous pouvez suivre rigoureusement certaines techniques ou improviser en combinant des points pour en créer de nouveaux.

2

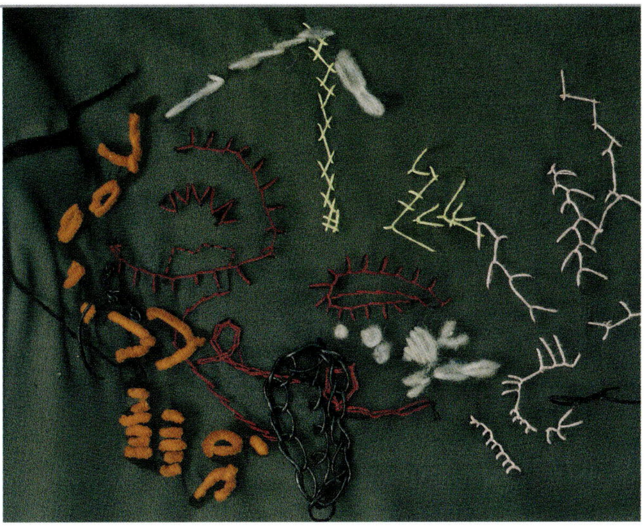

Le point passé plat

Le point passé plat est un point long répétitif, horizontal ou diagonal, brodé à la surface du tissu. Les points sont parallèles et serrés. Ils créent une zone satinée identique sur l'envers et l'endroit du tissu. Ce point est courant en broderie chinoise.

Le point de croix

Le point de croix est fréquemment employé avec les tissus à armure régulière qui permettent de compter les fils et de positionner les points avec précision. Le point de croix est souvent associé au style paysan et aux « ladies » de l'Angleterre victorienne au XIXe siècle.

La broderie sur fils couchés

Cette technique d'ornement consiste à coucher des fils sur le tissu et à maintenir le fil principal à l'aide de petits points. On emploie souvent cette technique lorsque le point principal est trop lourd pour passer directement au travers du tissu.

Nœud français et nœud pékinois

La taille du nœud dépend de l'épaisseur du fil utilisé et du nombre de passages du fil autour de l'aiguille pour créer le nœud. Le nœud français consiste à enrouler le fil autour de l'aiguille, tandis que le nœud pékinois forme une boucle, plus nette d'aspect. Le point cordé, le point corail et le point colonial sont d'autres exemples de points noués.

Le point de chaînette

Le point de chaînette se réalise à l'aiguille ou au crochet. La première boucle est maintenue par la boucle suivante pour former une chaînette.

Le point de feston

Le point de feston permet de renforcer les bords des couvertures et des vêtements. Le point de boutonnière est identique, mais travaillé en points serrés afin d'obtenir un fini plus solide.

Les techniques de broderie

Le blackwork

Le blackwork est devenu un style de broderie très en vogue en Angleterre dans les années 1500, sans doute car Catherine d'Aragon, femme du roi Henry VIII, l'appréciait particulièrement. Il consiste en principe à broder des points plats et réguliers en noir sur un fond clair, pour créer un effet graphique. On réalise souvent cette technique en points devant doubles, points Holbein et points arrière.

La broderie d'Assise

Le style Assise est un style de broderie italien qui consiste à broder le fond du tissu pour créer un motif négatif non travaillé. À l'origine, les points devant doubles, points Holbein et points de croix étaient employés pour réaliser cette technique.

Broderie Bargello ou florentine

Les points droits et verticaux sont brodés en zigzag sur canevas. Les couleurs des lignes en zigzag changent pour créer un motif.

La broderie de Berlin

Né en Allemagne, ce style de broderie se caractérise par des demi-points ou points de croix brodés en laine de couleur vive sur canevas.

La broderie sur canevas ou broderie à l'aiguille

On qualifie souvent ce type d'ouvrage de broderie de « tapisserie », car une fois terminé, il ressemble à une tapisserie tissée. Le canevas consiste d'ordinaire en un tissage de fils simples ou doubles (canevas Pénélope). La broderie à l'aiguille comprend plusieurs points de broderie différents. Ceux-ci doivent être brodés serrés afin de recouvrir le canevas – le canevas ne doit plus être visible une fois l'ouvrage terminé. Les tissus à armure régulière, c'est-à-dire comportant le même nombre de fils en chaîne qu'en trame, conviennent le mieux à cette technique, car l'on peut compter les fils et positionner les points de manière régulière et précise.

La tapisserie

Broderie d'ornement réalisée à l'aiguille, principalement à l'aide de fil à tapisserie. Ce fil de laine peignée se compose de deux brins tortillés.

2

La broderie à jours

D'aspect similaire à la dentelle, la broderie à jours se travaille sur du tissu. Les points et/ou les découpes créent les jours. La broderie sur fils tirés, retirés, les découpes et les œillets sont des exemples de broderie à jours.

L'ouvrage à jours

Les fils de trame ou de chaîne du tissu sont tirés. Les fils restants sont maintenus en place à l'aide de points de broderie. Les espaces sont ornés de points de broderie, qui permettent également de renforcer les structures ajourées. John Ruskin a introduit cotto technique dans l'industrie du lin dans la région du Lake District en Angleterre. La dentelle Ruskin se travaille depuis les années 1880.

3

La broderie sur fils tirés

La broderie sur fils tirés produit un tissu plus solide, aucun fil n'étant retiré. Les points tirent sur les fils de chaîne ou de trame qui composent l'armure, créant un effet de dentelle. Pour obtenir un effet optimal, le tissage est lâche et les points qui maintiennent les fils de chaîne ou de trame tirés sont brodés à l'aide de fil fin pour être invisibles. Cette technique a donné naissance en Allemagne à un style délicat, la broderie de Dresde.

Le tissage à l'aiguille

Le tissage à l'aiguille est une variante de l'ouvrage à jours. Les fils du tissu sont tirés. Les fils de chaîne ou de trame restants sont rassemblés et tissés ensemble.

1 Vous pouvez observer un exemple de broderie d'Assise sur le haut de cette pièce.

2 Exemple de tapisserie.

3 Exemple d'ouvrage à jours et de tissage à l'aiguille.

1 Exemple de broderie anglaise.

2-4 Jupes Alison Willoughby avec appliqués.

La broderie blanche

Les techniques de broderie à jours sont utilisées en broderie blanche, sauf que le tissu de travail et le fil sont en principe blancs. La broderie blanche classique comprend également la broderie anglaise, la broderie Richelieu, la broderie de Dresde et la broderie Reticella.

La broderie anglaise

La broderie anglaise se caractérise par des motifs d'œillets répétitifs et réguliers. Le tissu est découpé et des points de broderie empêchent les bords de s'effilocher. Dès sa mécanisation en 1870, la broderie anglaise a pu être produite en plus gros volumes.

1

La broderie ajourée Richelieu

Le cardinal Richelieu était le principal ministre de Louis XIII. Souhaitant l'autosuffisance de la France, il a soutenu la venue en France de dentelliers italiens afin qu'ils enseignent leur art. Typiquement française, la broderie Richelieu est une variante de la dentelle de Venise. Les formes découpées, dessinées par points de broderie, créent des motifs floraux ou inspirés de la nature. Elles sont reliées par des lignes de points de boutonnière.

La broderie Mountmellick

Ce type de broderie est né dans la ville irlandaise de Mountmellick au XIXe siècle. Un fil de coton blanc, doux et mat, est brodé sur un tissu blanc au tissage serré, représentant des motifs simples inspirés de la nature. Une frange tricotée sert de finition à la plupart des pièces.

La broderie ombrée

Les points (typiquement points de chevron ou arrière double) sont brodés sur l'envers d'un tissu très fin. Une fois le tissu retourné sur l'endroit, les formes apparaissent en tant qu'ombres.

Le travail du tissu

2

3

4

L'appliqué

En textile, l'appliqué consiste à broder une pièce de tissu sur une autre pour obtenir un effet décoratif. Vous pouvez broder des pièces de tissu sur un tissu de base ou découper une forme dans le tissu supérieur afin de révéler le tissu du dessous (technique de l'appliqué inversé). En variant les couches de tissu, vous pouvez créer des motifs complexes saisissants. Les tissus qui ne s'effilochent pas conviennent en principe parfaitement à la technique d'appliqué. Vous pouvez tout d'abord broder ou orner de perles vos motifs de base (tels que des badges), puis les appliquer sur le vêtement.

Les smocks

Les smocks ont une fonction pratique et décorative à la fois, puisqu'ils servent à donner de l'ampleur au vêtement À l'origine, un vêtement orné de smocks s'appelait « un smock ». Le smock était porté par les ouvriers agricoles au XIXe siècle. Les points et motifs utilisés pour réaliser les smocks faisaient référence au domaine particulier des ouvriers.

On trace sur le tissu des lignes horizontales constituées de points, sur lesquels on faufile des points devant. On resserre ensuite ces points pour créer des plis verticaux dans le tissu. Ces plis sont ensuite cousus de manière définitive pour créer les smocks. On retire enfin les points faufilés. Afin d'éviter de déformer le tissu, les smocks doivent être réalisés dans le sens de la trame ou de la chaîne.

Le patchwork

Le patchwork consiste à raccorder des morceaux de tissu pour en créer un autre. Ces morceaux de tissus peuvent être cousus de manière aléatoire ou positionnés afin de créer un motif géométrique. Le choix des morceaux de tissu et leur positionnement créent le motif.

Le patchwork anglais

On se sert de morceaux de papier comme modèles pour découper des formes dans du tissu, légèrement plus grandes que les modèles en papier. On replie ensuite cette marge, que l'on faufile. On coud ensemble les morceaux de tissu accompagnés de leur modèle en papier, bord contre bord, puis on retire les points de faufilage et les morceaux de papier.

Le patchwork américain

On découpe les morceaux de tissu à partir de modèles, mais on retire ces derniers. On faufile ensuite les morceaux de tissu ensemble à l'aide de petits points avant. Les tissus qui permettent de réaliser des plis nets, par exemple un coton au tissage serré, conviennent le mieux à la technique du patchwork.

Le matelassage

Plusieurs épaisseurs de tissu sont cousues l'une à l'autre afin d'obtenir un tissu matelassé plus lourd. On peut y insérer une ouate de coton, de laine, de crin ou de plumes pour le rendre plus chaud ou lui donner un relief décoratif.

Le matelassage anglais

Il consiste à coudre ensemble deux épaisseurs de tissu et à insérer la ouate entre les deux.

Le matelassage italien

Leurs motifs consistent en deux lignes parallèles entre lesquelles on insère des fils épais ou de la laine afin de créer un motif en relief.

Le trapunto

Il est d'abord cousu avant d'être rembourré. Il en ressort un motif en relief. Les formes cousues sont fendues sur l'envers du tissu et rembourrées depuis l'envers. Cette fente est ensuite recousue.

1

2

La broderie mécanique

3

4

Un grand nombre des points et des techniques que nous avons abordés peuvent se travailler sur des machines à broder domestiques ou industrielles. Les machines à broder vous offrent la souplesse nécessaire pour travailler de manière créative sur une grande diversité de techniques, rigoureusement ou en improvisant, et obtenir des effets variés. Les machines à broder domestiques vous permettent de déplacer le tissu sous l'aiguille afin de créer des motifs fluides. La plupart des machines à broder sont capables de produire des motifs automatisés sur simple pression d'un bouton. Tout comme en broderie à la main, les techniques varient en fonction du fil et du tissu. Vous pouvez créer sur ordinateur des motifs plus sophistiqués, puis les télécharger sur des machines à broder numériques. Les machines à broder peuvent comporter une seule ou plusieurs têtes, afin de broder plusieurs fils à la fois. On peut citer les machines à broder Cornelli, les machines à broder irlandaises, les machines à tufter, les machines à tufter pour poils bouclés et les machines Schiffli.

1-2 Vêtements Marios Schwab rembourrés de duvet d'oie. Automne-hiver 2007.

3-4 La soie blanche de ce chemisier a été plissée, puis brodée avec du fil de coton blanc. Après surteinte, les broderies sont restées blanches tandis que le tissu a pris une teinte bleue. Un tissu soluble a été brodé d'un motif en soie. Une fois le tissu dissout, le motif a été appliqué sur l'organza. La broderie a été réalisée sur une machine Schiffli ; broderie de Punto Seta pour Magdalena Glowacka.

L'ornement

1 Robe en néoprène et métal Marios Schwab, collection automne-hiver 2007. Les pièces métalliques peuvent être retirées à l'aide d'un tournevis.

2 Robe Marios Schwab richement ornée de cristaux Swarovski, collection automne-hiver 2007. Chaque cristal est enveloppé dans un filet de soie, puis brodé à la main sur la robe.

3-4 Deux pièces brodées de perles et de paillettes. Créations de Richard Sorger.

L'ornement permet de créer une surface d'un intérêt particulier et d'obtenir un effet plus en relief et décoratif. Vous pouvez utiliser des perles, des sequins, des miroirs (shisha), des graines, des coquillages, des cailloux ou des plumes pour créer des motifs, apporter de la couleur et surtout une texture particulière au tissu ou au vêtement. Dans les années 1920, les robes à la mode étaient ornées de perles et de paillettes, qui se réfléchissaient au rythme des pas de danse. L'ornement permet également de modifier le poids d'un tissu. Fortuny utilisait des perles pour alourdir les pans de ses robes plissées Delphos (voir page 17).

Dans certaines cultures, les ornements sont un signe de distinction sociale ou de superstition. Les boutons, les médaillons et les galons révèlent une autorité et un certain rang. Les Indiens d'Amérique du Nord portent des plumes d'aigle en signe de courage. Il est courant de coudre sur des vêtements des objets brillants (pièces de monnaie ou miroirs), afin de repousser le mauvais œil.

Réfléchissez au type de fil et aux points de broderie que vous allez utiliser pour orner un tissu. Pouvez-vous coudre directement sur l'ornement, comme il est possible de broder des perles ou des paillettes, ou devez-vous le fixer par une combinaison de points, comme dans le cas de miroirs ronds ?

1

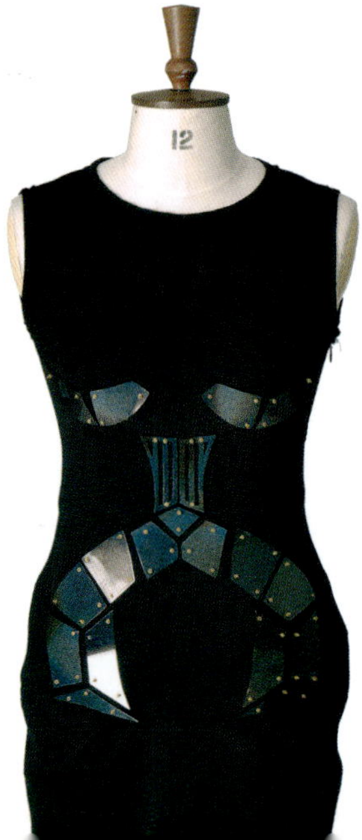

2

La broderie de perles et de paillettes

De toutes formes et de toutes tailles, les perles peuvent être faites de verre, de plastique, de bois, d'os ou d'émail : perles de rocaille, perles tubulaires, sequins, perles de cristal, strass et perles d'eau douce. Les perles apportent une texture au tissu : sur un vêtement, des perles de verre donnent au tissu un éclat somptueux.

Les perles peuvent être brodées de manière individuelle ou couchées. Dans ce cas, on dépose une rangée de perles sur le tissu, que l'on fixe en brodant de petits points entre les perles. Pour renforcer vos points et minimiser le risque que les perles se défilent, passez au préalable votre fil à la cire d'abeille ou sur une bougie.

La méthode « couture » consiste à broder les perles avec du fil et une aiguille sur l'endroit du tissu, tendu sur un cadre. Celui-ci permet de maintenir la tension adéquate et de faciliter l'ouvrage. Cette méthode donne une finition plus professionnelle.

La broderie de perles au tambour consiste à fixer les perles et les sequins avec un point de chaînette réalisé au crochet sur l'envers du tissu. Cette méthode est plus efficace que la méthode « couture ».

Types de perles

Perles de verre
Transparentes, opaques, nacrées, métalliques, irisées ou à feuille argent.

Perles de rocaille
Petites perles de verre.

Perles de rocaille rondes
Lisses à l'extérieur et à l'intérieur.

Perles de rocaille carrées ou Tosca
Lisses à l'extérieur et taillées en carré à l'intérieur afin de capturer la lumière.

Charlottes
Extérieur cannelé ou à facettes, intérieur taillé en carré ou à feuille métallique.

Perles tubulaires
En forme de tube.

Perles de cristal ou en verre taillé
Avec de nombreuses facettes qui réfléchissent la lumière.

3 4

Les découpes

Les découpes manuelles ou, plus récemment, au laser, représentent une autre méthode d'ornementation. Les découpes au laser permettent d'obtenir des motifs très précis. On se sert également de la chaleur du laser pour sceller, ou fondre, les bords des tissus synthétiques afin qu'ils ne s'effilochent pas. En variant la profondeur de la pénétration du laser dans le tissu, on peut obtenir un effet de gravure et des détails très précis.

« La couleur est un élément qui, dès le premier croquis, me semble indissociable du concept d'une robe, de sa substance et de sa nature. Mes couleurs font toujours partie d'un tout. Elles jouent un rôle précis dans le concept dès le premier instant de la création. »

Gianfranco Ferré dans *Fashion: Great Designers Talking*, d'Anna Harvey

1 Jessie Lecomte, collection automne-hiver 2007.

Il est essentiel de comprendre les principes des couleurs et comment vous pouvez les associer pour créer des palettes à utiliser pour vos collections de textiles et de prêt-à-porter. Ce chapitre se penche sur les principes fondamentaux des couleurs, leur utilisation en stylisme ainsi que leur importance quant à la prévision des tendances.

Les tissus mis à la disposition du styliste sont soumis à l'influence des tendances de la mode : la couleur, les fibres et le toucher d'un tissu sont sans le moindre doute décidés et créés en fonction des tendances. Des spécialistes dans le domaine suivent les tendances et décèlent les nouvelles orientations. Ils en prévoient toutes les facettes nécessaires au stylisme et à la création textile : couleurs, fibres, tissus, silhouettes, détails et philosophie. Ils ne sont pas en mesure d'imposer des styles. Ils peuvent prévoir le moment où le consommateur sera prêt pour une nouvelle tendance, le secteur de marché concerné et le prix de référence. Grâce à ces informations, les stylistes, les fabricants ainsi que les commerçants peuvent choisir des produits qui suivent les tendances, que le consommateur voudra acheter. L'anticipation des tendances permet aux entreprises d'exploiter chaque nouvelle opportunité.

Les couleurs

Pour créer une collection de prêt-à-porter et de textiles, vous devez réfléchir aux couleurs de votre collection. Elles donnent le ton d'une collection et représentent ce que l'utilisateur verra en premier. Vos choix peuvent être dictés par de nombreux motifs : faire écho à une saison, à un profil de consommateur, au type de tissu disponible ou au concept du styliste. Les prévisions des tendances peuvent aussi entrer en jeu au moment du choix des couleurs. Le styliste peut décider de créer une collection qui correspondra aux couleurs prévues pour une saison particulière.

Il nous faut tout d'abord expliquer quelques principes fondamentaux de la théorie des couleurs et l'interaction des couleurs du point de vue scientifique. Nous pourrons ensuite étudier comment le styliste peut exploiter les couleurs.

La théorie des couleurs

1 La roue chromatique.

2 Les couleurs primaires additives.

3 Les couleurs primaires soustractives.

4 Le système colorimétrique CMJN.

La lumière est à l'origine des couleurs. La lumière du soleil est incolore, mais elle se compose en réalité de couleurs que nous pouvons observer quand se forme un arc-en-ciel. Lorsque la lumière atteint un objet, certaines couleurs sont absorbées. Les couleurs restantes sont renvoyées vers l'œil. Ces informations sont ensuite envoyées au cerveau, où nous enregistrons la couleur de l'objet. Selon une approche simplifiée, il y a deux catégories de couleurs : les couleurs que nous pouvons toucher, à la surface d'un objet par exemple (comme le rouge d'une pomme), et les couleurs que nous ne pouvons pas toucher, constituées de rayons de lumière, par exemple la couleur qui émane d'un écran d'ordinateur.

1

Le système des couleurs additives

Selon le principe fondamental de la synthèse additive, lorsque les couleurs primaires de la lumière (rouge, vert et bleu) sont mélangées en quantités égales, elles donnent du blanc. La lumière rouge et la lumière verte donnent du jaune ; la lumière bleue et la lumière verte, du cyan ; la lumière rouge et la lumière bleue, du magenta.

2

Le système des couleurs soustractives

Selon le principe de la synthèse soustractive, le mélange des couleurs primaires magenta, cyan et jaune permet de produire toutes les autres couleurs. Le mélange de toutes les couleurs donne du noir, contrairement au blanc du système additif.

3

La roue chromatique

Les couleurs primaires rouge, jaune et bleu ne peuvent pas être obtenues par mélange d'autres couleurs. Les couleurs secondaires sont le fruit du mélange des couleurs primaires. Le bleu et le jaune donnent du vert ; le rouge et le jaune, de l'orange ; le rouge et le bleu, du violet. Les couleurs tertiaires résultent du mélange des couleurs secondaires.

Le système colorimétrique CMJN

Le secteur de l'imprimerie s'appuie sur le système CMJN. Le cyan, le magenta, le jaune et le noir sont les couleurs primaires qui produisent toutes les autres couleurs. Lorsque vous mélangez ces quatre couleurs, vous obtenez du noir.

4

Darks

2

1

Brights

Définitions relatives aux couleurs

Teinte
La teinte est la couleur.

Saturation (ou chromie)
Elle indique la pureté de la teinte, sa richesse, sa force et son intensité. Les couleurs vives sont très saturées.

Tonalité
Fait référence au caractère clair ou foncé de la teinte. On parle aussi souvent de valeur de la couleur. Les couleurs sales comportent davantage de noir, les couleurs pastel davantage de blanc. La tonalité ou la saturation d'une teinte lui confèrent de nombreuses variations.

Fluorescentes
Ces couleurs réagissent à la lumière et semblent luire.

Rehaut
Touche de couleur qui contraste avec un groupe de couleurs afin de rehausser une palette.

Couleurs tonales
Les couleurs tonales sont de même teinte, mais varient des couleurs claires aux couleurs foncées.

Monochrome
Palette comportant une seule teinte.

Harmonies de couleurs
Teintes qui se marient bien et s'équilibrent.

Naturelles
Les couleurs naturelles sont empruntées au paysage, au ciel, à l'eau.

Pastel
Couleurs rehaussées de blanc.

Couleurs contrastées
Elles sont opposées sur la roue chromatique et s'affrontent. La couleur contrastante du rouge est le vert ; celle du jaune, le violet ; celle du bleu, l'orange. Les couleurs qui s'opposent de manière plus tranchante sont les couleurs primaires, car ce sont les plus pures. L'utilisation de contrastes et d'harmonies dans une palette intensifie la perception des couleurs. Un rouge, d'ores et déjà perçu comme une couleur chaude, peut sembler encore plus chaud lorsqu'il accompagne une palette de couleurs froides. Un jaune pur saturé peut sembler très vif à côté d'une palette de jaunes pâles.

Palette de couleurs
Groupe de couleurs.

Pastels

3

4

Naturals

Le langage des couleurs

Tout créateur doit comprendre le langage des couleurs. L'œil humain perçoit près de 350 000 couleurs. Il ne peut toutefois pas toutes les mémoriser. Il devient donc important de savoir comment identifier et communiquer les couleurs. Certains mots servent à décrire des couleurs et à y faire référence par association d'idées (rouge cerise, rouge sang, par exemple). On se sert également de mots pour décrire des tonalités précises. Ainsi, les couleurs froides ont des nuances bleues, les couleurs chaudes, des nuances orange ou rouges. On pourrait dire d'une couleur délavée qu'elle est peu teintée ou fade. Les couleurs pastel contiennent davantage de blanc, ce qui les rend pâles, mais pas fades.

Nous attribuons aux couleurs des significations subjectives et symboliques. Nous rattachons aux couleurs nos propres associations et caractéristiques. Diverses cultures perçoivent les couleurs différemment. En Europe, nous associons le bleu aux garçons et le rose aux filles, le blanc au mariage et le noir au deuil. En Inde, le rouge est la couleur de la fertilité. Aussi est-il également associé au mariage, tandis que le blanc est la couleur du deuil. Dans la plupart des cultures asiatiques, le jaune est la couleur impériale, tout comme le violet en Occident est chargé de nombreuses associations culturelles. En Chine, le rouge est le symbole de la prospérité, de la chance et de la fête, tandis que le blanc est associé à la mort.

Auparavant, les couleurs étaient spécifiques à une région géographique, en raison des colorants que l'on pouvait extraire des minéraux et des plantes de cette région.

La psychologie des couleurs

La psychologie des couleurs n'est pas un mythe. Des études scientifiques démontrent que certaines couleurs affectent notre état d'esprit. Certaines couleurs nous dépriment tandis que d'autres nous réjouissent. Certaines nous réchauffent, d'autres nous donnent froid. Le bleu est considéré comme une teinte relaxante, tandis que le noir et le gris sont jugés déprimants. Bien qu'il soit intéressant de réfléchir à ces théories, en stylisme le choix des couleurs pour une collection semble plus artistique que psychologique. Certaines couleurs sont à la mode le temps d'une saison, puis démodées la saison suivante, qu'elles aient ou non une influence positive sur notre état d'esprit.

1-4 Palettes de couleurs de Justine Fox et images dont elles s'inspirent. Copyright Global Color Research Ltd.

Les couleurs et la création

En création, le choix d'une couleur est subjectif. Nous avons tous nos propres palettes de couleurs avec lesquelles nous aimons travailler. Elles sont à nos yeux exaltantes, confortables, chics ou gaies. En tant que styliste, vous serez sans doute appelé à travailler en dehors de votre gamme de couleurs, avec des palettes qui ne vous sont pas familières. Aussi est-il important d'essayer de comprendre l'interaction des couleurs et de faire des essais.

Certains stylistes se caractérisent par leur travail sur la couleur. Les stylistes japonais Comme des Garçons et Yohji Yamamoto utilisent souvent des couleurs foncées. Leurs collections sont intemporelles et se concentrent davantage sur l'excellence de la coupe du vêtement que sur une couleur fantaisie. Versace, en revanche, adore les collections hautes en couleur et cherche à séduire ainsi le client. Marni et Dries Van Noten font un travail remarquable sur les couleurs. Leurs palettes sont sophistiquées et originales. Calvin Klein est connu pour ses tons neutres muets et Tommy Hilfiger pour ses couleurs primaires éclatantes. Certaines couleurs telles que le rouge, le bleu marine, le noir, le blanc et l'ivoire, sont tellement élémentaires qu'elles ne se démodent jamais pour le marché de masse. La confection de masse pour homme et le haut de gamme ont tendance à utiliser ces couleurs moins risquées.

1 Défilé Dries Van Noten automne-hiver 2007. Catwalking.com.

2 Coulisses du défilé Louis Vuitton printemps-été 2008.

1

La texture

Bien évidemment, la couleur ne fonctionne pas seule. Le styliste verra cette couleur associée à une surface ou un textile, dans le contexte d'une silhouette ou d'une tenue. Ces facteurs peuvent modifier la perception que le public a de cette couleur. La qualité d'une couleur peut par exemple varier selon les tissus. Le rouge d'un article composé de plastique peut sembler ordinaire, tandis que le rouge d'une soie délicate sera somptueux et riche. La laine noire peut sembler très onéreuse, contrairement au polyester noir (bien évidemment, cela dépend aussi de la qualité du tissu). Les couleurs claires présentent davantage de texture que les couleurs foncées.

La proportion

Vous devez également prendre en compte la proportion de la couleur sur un vêtement. Il s'avère parfois judicieux d'utiliser des couleurs inhabituelles ou délicates dans de moindres proportions. Tout dépend cependant du client et des tendances en termes de couleurs. Une nouvelle couleur, qui n'a auparavant pas été à la mode, peut être introduite avec parcimonie au cœur d'un imprimé ou d'un tricot multicolore, ou appliquée en touches légères (rehauts) au sein d'un groupe de couleurs.

L'emplacement d'une couleur sur le corps peut exagérer ou amoindrir l'apparence de certaines zones. Le noir semble s'éloigner de l'œil. L'objet observé apparaît donc plus petit. Ce principe peut être appliqué à un vêtement pour embellir la silhouette.

Le contexte

Il est tout aussi important de prendre en compte le contexte dans lequel la couleur est utilisée et le message qu'elle porte. En Occident par exemple, une robe de mariée rouge communiquera un message très différent de celui d'une robe de mariée blanche traditionnelle. Réfléchissez aussi à l'utilisation des couleurs pour certains vêtements au cours de l'histoire : les jeans Denim indigo, la chemise blanche, la petite robe noire. Ces grands classiques deviennent-ils fades ou trop excentriques si l'on en change la couleur ?

Les couleurs permettent de proposer des lignes innovantes et fraîches. Bien souvent, la silhouette ou les détails d'un vêtement ne varient pas d'une saison à l'autre, mais sa couleur change.

2

Kaki
Durant l'occupation coloniale de l'Inde, l'armée britannique teignait les tuniques estivales de ses troupes en un jaune marron terne de camouflage. Ce ton neutre s'est vu attribuer le nom de « kaki ». Le terme trouve son origine au milieu du XIXe siècle, dérivé du terme urdu kaki, signifiant « couleur poussière » et du terme perse *kak*, qui signifie « poussière ».

1

Les saisons

Les couleurs peuvent également être saisonnières. Les saisons froides appellent à des couleurs plus foncées, telles que le noir, le marron et les couleurs de boue. Les couleurs deviennent plus claires et pâles lorsque les saisons se réchauffent, puis plus vives et éclatantes lorsque le soleil se fait plus intense. Le soleil rend plus blanches les couleurs pâles. Si vous devez créer une collection pour des pays chauds, utilisez donc plutôt une palette de couleurs vive, comme les palettes de couleurs des tissus africains ou des chemises hawaiiennes.

2

Le référencement des couleurs

Les couleurs doivent être constantes d'une fibre ou d'un tissu à l'autre. Les divers types de tissus requièrent des types de colorants différents, qui peuvent même être produits dans des pays différents. Pour que la couleur d'un textile reste constante de la phase de conception jusqu'à son développement et sa fabrication, les entreprises ont souvent recours à un système de référencement des couleurs. Les systèmes colorimétriques Pantone et Munsell constituent des références communes pour l'échantillonnage des couleurs. Chaque couleur est référencée par un numéro qui lui est propre. Plutôt que d'essayer de décrire les couleurs, les nombres permettent d'identifier les teintes. Les nuanciers Pantone® sont organisés de manière chromatique par familles de couleurs. Ils comptent 1 925 couleurs. Ils constituent une précieuse ressource, mais sont relativement onéreux et doivent être remplacés dès que les couleurs commencent à faner et à engendrer des référencements incorrects. Observée sous différentes conditions d'éclairage, une couleur peut prendre une autre teinte. Un éclairage à incandescence projette une nuance jaune, tandis qu'une lampe halogène crée une nuance bleue.

Les couleurs et le client

Les couleurs sont très importantes en stylisme et en création textile. Lorsqu'un client entre dans une boutique, il est en principe attiré par la couleur d'un vêtement. Ensuite, éventuellement, il s'en approche pour le toucher, et enfin l'essaye pour juger de la coupe.

Dans toute collection, les couleurs sûres sont en général le noir, le bleu marine, le blanc, le mastic et le kaki. Les acheteurs porteront souvent leur choix sur des vêtements de ces couleurs-là, car elles représentent les couleurs de base de la plupart des garde-robes. Il peut parfois s'avérer astucieux de proposer des couleurs de base et de leur additionner des couleurs saisonnières expérimentales. Ces couleurs apporteront davantage de vivacité à votre collection et outre les indémodables, elles inciteront le client à acheter chaque saison des tenues aux nouvelles couleurs.

La couleur de peau peut également influer sur le choix de la couleur d'un vêtement. Les peaux brunes sont parfaites pour les couleurs vives et éclatantes, tandis que les couleurs plus douces conviennent davantage aux peaux plus pâles.

1 Palette de couleurs créée par Justine Fox pour la collection Chloé printemps-été 2008. Copyright Global Color Research Ltd.

2 Défilé Chloé, collection printemps-été 2008. Catwalking.com.

3 Nuancier Pantone®.

3

La prévision des tendances

1 Informations de prévision des tendances homme et femme. Ces pages présentent des images d'inspiration, des échantillons de couleurs et suggestions de palettes et de proportions. Copyright Global Color Research Ltd.

La prévision des tendances est un secteur vaste qui influence de nombreux domaines créatifs, en particulier le stylisme et la création textile. Les bureaux de style se concentrent sur un segment particulier d'un marché et tentent d'anticiper l'évolution de ce segment dans le temps, aussi bien pour la saison à venir que sur plusieurs années. Ces agences vendent les données qu'elles collectent à d'autres entreprises qui ne disposent pas du temps ou des ressources nécessaires pour mener leurs propres recherches et dresser des prévisions. Les bureaux de style vendent surtout ces informations à des sociétés qui mènent déjà en interne des opérations de prévision de tendances. Leurs tendances s'alignent sur celles prévues par les bureaux de style afin de s'assurer que leurs créations suivent les tendances, que le marché est prêt pour ces créations, qu'il les comprendra et voudra les acquérir.

Les bureaux de style observent l'évolution des tendances. Ils enregistrent les styles qui plaisent et déterminent si cette tendance va se confirmer ou s'il est temps de s'y opposer et d'innover. Les bureaux de style tirent leurs informations de diverses sources. Ils observent l'environnement économique, social, artistique, scientifique, ainsi que ce que propose la mode, la culture urbaine et la haute couture, par exemple. Il est plus facile d'identifier une tendance une fois qu'elle a fait son apparition. Nous pouvons constater, en nous penchant sur le passé, que les tendances qui ont marqué l'histoire se révèlent par des changements de mode. Les tendances sont plus facilement identifiables rétrospectivement.

Certaines entreprises de création refusent de suivre les tendances et cherchent à les dicter. À la manière d'un artiste, elles travaillent à partir de leurs propres prévisions et développent leurs propres idées et concepts. Ces créateurs doivent trouver leur créneau sur le marché, un segment qui ne subit pas l'influence des tendances, ce qui peut s'avérer délicat. Le fondement de la prévision des tendances est l'intuition, c'est-à-dire ce qui va instinctivement nous sembler nouveau et à développer.

1

AW07/08
FLASH
nocturnal intrigue

AW07/08
Crystal paving
Pompom trims
Metaloplastic weaves
Glitter paints
Dimensional jewel appliques

AW07/08
FLASH
electric

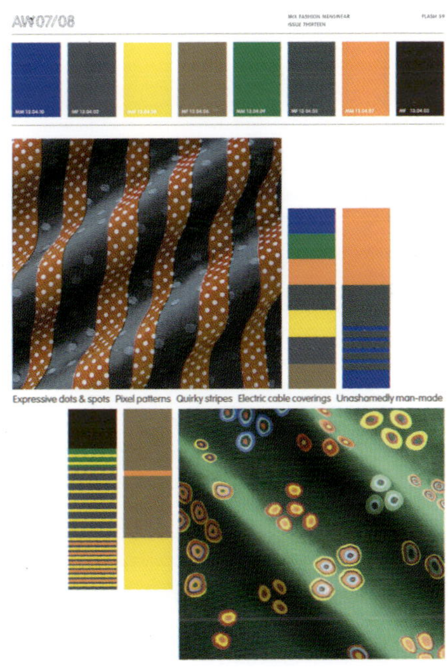
AW07/08
Expressive dots & spots
Pixel patterns
Quirky stripes
Electric cable coverings
Unashamedly man-made

Les sources de tendances

Les bureaux de style identifient des tendances à long terme et des tendances à plus court terme.

Les tendances à long terme se fondent sur les tendances sociales, démographiques, internationales, sur les dernières technologies et les nouveaux procédés. Par exemple, l'expansion de l'utilisation de l'Internet facilite les communications et permet aux employés de travailler chez eux. Cette tendance peut influer sur la mode, qui se fera plus décontractée et confortable.

Les tendances à court terme découlent plutôt d'un engouement passager, par exemple le succès d'une exposition rétrospective ou la collection actuelle d'un nouveau styliste en vogue.

1

La culture

Autrefois, la mode était réservée à la haute bourgeoisie et aux nobles. Les classes modestes observaient ce que portaient les classes sociales plus aisées et les imitaient (théorie de l'effet de diffusion). Ce schéma a cependant changé au XXe siècle. La mode de la rue a petit à petit été adoptée et réinterprétée par les grands couturiers. Aujourd'hui, les modes s'entrecroisent et influencent les clients de toutes catégories sociales, ceci se traduisant par de nouvelles tendances. Lorsque la mode de la rue devient trop courante et populaire, elle devient démodée aux yeux des créateurs de tendances. De nouveaux styles émergent donc.

Les nouvelles technologies

Les nouvelles technologies et les procédés novateurs entraînent de nouveaux développements dans le secteur de la mode. Il peut s'agir de nouvelles fibres, de nouveaux fils ou procédés d'impression, de teinture ou de fabrication, qui à leur tour se traduisent par de nouvelles couleurs ou silhouettes, donc de nouvelles tendances. L'impression au rouleau de cuivre a permis l'impression de longues pièces de tissu, tout d'abord en monochrome puis en multiples couleurs. Ces tissus ont fait leur apparition dans les modes de la fin du XVIIIe siècle et du début du XIXe siècle. Plus proche de nous, l'invention du métier à tricoter circulaire a donné naissance aux sous-vêtements sans couture ainsi qu'au concept A-POC d'Issey Miyake. Les derniers développements dans le domaine des nanofibres laissent envisager des innovations spectaculaires en termes de textiles interactifs.

1-2 Scènes du salon Première Vision à Paris.

2

Les rapports de vente

Les rapports de vente analysent l'activité des magasins sur une période donnée, en d'autres termes, ce que les magasins achètent et mettent en vente et ce que les clients achètent. En analysant les magasins les plus efficaces d'une ville, vous pouvez déterminer les tendances fortes de la saison. Cela vous permet également de découvrir les collections de créateurs d'avenir dans des boutiques chic. Ces créateurs peuvent avoir des idées innovantes, mais ne pas être encore en mesure de présenter leurs collections lors de défilés, et ainsi bénéficier de la publicité des médias.

Les salons et les défilés

Grâce à la rapidité des moyens de communications, les tendances se diffusent aujourd'hui partout dans le monde en quelques secondes via Internet. Lorsqu'un défilé se déroule à New York, on peut le découvrir dans l'heure qui suit à Londres et les entreprises de prêt-à-porter peuvent s'en inspirer immédiatement. Elles peuvent réagir directement et produire des collections qui seront disponibles sur le marché dans les semaines qui suivent. Les tendances circulent plus vite que jamais. Aussi sont-elles remplacées très rapidement.

Les salons du textile, tels que Première Vision et Expofil (France) ou Pitti Filati (Italie), présentent toutes les dernières tendances. Ils révèlent les prévisions pour la saison à venir en termes de textures, de fils et de couleurs.

L'intuition

Les prévisions de tendances ne s'appuient pas sur des faits. Toute information est matière à interprétation et réinterprétation. Toutefois, certaines personnes sont de toute évidence plus douées pour interpréter les informations et ne pas se tromper dans leurs prévisions. L'intuition naturelle joue une part importante dans la prévision de tendances.

Le flux des informations

Dans le monde de la mode, la prévision des tendances s'articule autour de différents aspects. Le premier concerne les tendances de couleurs. Des groupes spécialisés en couleur se réunissent et exposent leurs idées. Parfois, ces prévisions ont lieu deux ans avant la mise en vente des collections. Les entreprises de chimie qui produisent les colorants doivent impérativement connaître les tendances de couleurs afin d'être en mesure de fournir les colorants appropriés aux fabricants de fibres et de tissus ainsi qu'aux entreprises de teinture. Cela peut prendre de quatre à neuf mois pour fabriquer les produits. La tonalité d'une couleur tendance influe sur la quantité de produit requise ; les types de tissus, sur le type de colorant. Dans les années 1950, ICI a mis au point de nouveaux colorants pour les fibres de cellulose, vifs et peu onéreux, appelés Procion. Ils ont été utilisés pour la mode très colorée des années 1960.

Le second concerne la texture et la fabrication, c'est-à-dire les tissus qui seront à la mode. Les fabricants de fibres, les filatures et les tisserands se penchent sur cet aspect des prévisions de tendances pour identifier les nouvelles fibres et les fibres optimisées. Ils observent les divers mélanges de fibres ainsi que leurs performances, les poids de fil et les finitions.

Le troisième aspect concerne le traitement des surfaces : les imprimés et ornements de la saison (couleurs et motifs clés, nouvelles idées d'imprimés).

Le dernier touche à la prévision des tendances vestimentaires, celle des vêtements clés de la saison, de leurs détails et de leur silhouette.

Les « cool hunters »

Les chasseurs de style, dits « cool hunters », sont commissionnés dans le monde entier pour détecter les derniers styles branchés. Ils observent en général les événements et mouvements de contre-culture que la plus vaste communauté ne connaît pas, mais qui représentent des idées fortes dans un segment restreint de la société. Ils sont à l'affût de nouveaux groupes, de nouvelles boutiques, des derniers gadgets ou de manières innovantes de porter des baskets ou un jean.

Les groupes spécialisés en couleur

Dans la plupart des pays, des groupes d'experts réfléchissent aux tendances de couleurs pour le marché national et l'exportation (par exemple : Color Association, Color Marketing Group, aux États-Unis ; Deutsche Mode Institut, Institute de Moda Espagnol, en Europe). Ces groupes réunissent les plus grands coloristes de mode des fabricants de fibres, des services de mode, des commerçants et des entreprises de textile. Ils mettent au point des palettes de couleurs pour les secteurs de la mode et de l'ameublement.

1 Sélection d'agencements de magasins Marni.

1

1

Les cahiers de tendances et les présentations

Les bureaux de style élaborent des cahiers de tendances destinés au secteur de la mode. Ces cahiers de tendances contiennent des informations sur des facettes clés des prochaines tendances. Ils peuvent comprendre des palettes de couleurs avec leurs références Pantone, des images regroupées en diverses ambiances selon les idées et histoires à raconter, des échantillons de tissus et de fils. Développés par des stylistes qui travaillent sur de nouvelles tendances, ces échantillons sont parfois très expérimentaux. Des photos de défilés ou des illustrations de mode permettent de décrire les nouvelles tendances vestimentaires.

Certains cahiers de tendances ciblent de manière spécifique les besoins d'une équipe créative en particulier et ne sont pas mis à la disposition d'autres stylistes. D'autres sont plus généralistes afin de cibler une clientèle plus large. De toute évidence, plus un cahier de tendances est ciblé, plus il est onéreux.

Certains bureaux de style organisent des présentations au cours desquelles un membre de leur équipe commente une série d'images projetées, souvent accompagnées de mots-clés pour stimuler l'imagination de l'audience.

Les plus grands bureaux de style sont Trend Union (Europe), Nelly Rodi et Peclers (France), INDEX et Global Color Research Ltd (Royaume-Uni) et Brain Reserve (États-Unis). Li Edelkoort de Trend Union et Faith Popcorn de Brain Reserve sont les deux grands « gourous » des tendances. Elles excellent dans l'art d'interpréter les indices qui révèlent les tendances nées ou naissantes.

2

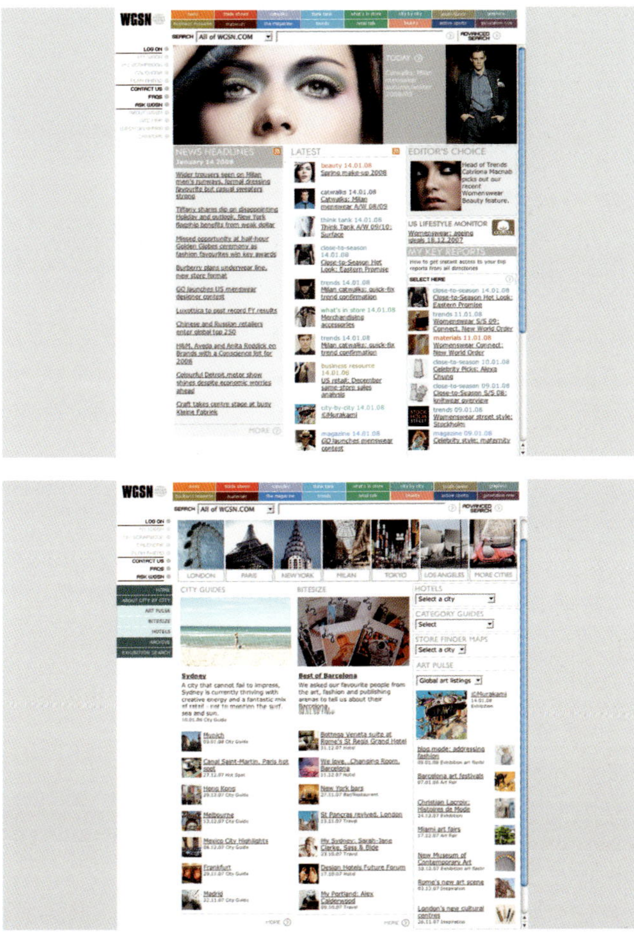

Magazines de tendances

Textile View
Viewpoint
Zoom on Fashion Trends
WWD – Women's Wear Daily
Book Moda
Collezioni Trends
Fashion Forecast
International Textiles
Bloom

1 Cahiers de tendances de Woven studio suggérant des nouvelles tendances de couleurs et de motifs.

2 Site Web wgsn.com spécialisé dans les tendances.

Les publications et Internet

Il existe plusieurs magazines de tendances qui présentent de nouvelles idées sensationnelles. Ils s'appuient sur des images pour communiquer le concept d'une tendance. Ils peuvent aussi proposer des illustrations de mode pour décrire des silhouettes phares et les détails importants. Ils présentent des palettes de couleurs, ainsi qu'une sélection de photos des défilés de la saison actuelle. Certaines de ces publications éveillent l'imagination et permettent au lecteur d'interpréter les idées suggérées. D'autres, plus commerciales, publient leurs idées de manière plus définie.

Grâce à sa rapidité de mise à jour, Internet est une précieuse source d'informations sur les tendances. Ces informations sont également à la disposition de millions d'autres utilisateurs, ce qui signifie qu'une tendance peut se diffuser rapidement. L'inconvénient est qu'une tendance peut de ce fait souffrir d'une certaine surexposition. Cependant, de nombreux sites Web spécialistes des tendances nécessitent une inscription. Les informations qu'ils communiquent sont ainsi réservées aux utilisateurs inscrits. Fondé au Royaume-Uni en 1998, Worth Global Style Network (WGSN) compte des bureaux dans les plus grandes capitales du monde. WGSN est considéré comme le leader mondial des informations de tendances en ligne. Les principales entreprises de mode et de textile s'inscrivent pour bénéficier de ce service : actualité internationale, critiques, inspiration. WGSN offre un accès gratuit aux étudiants. Les informations qui leur sont communiquées datent toutefois d'une quinzaine de jours.

La prévision des tendances est utile, mais il convient d'en faire une analyse indépendante et une utilisation créative.

1 Défilé Louis Vuitton printemps-été 2008.

« Je construis mes créations à partir de nombreuses petites pièces que je fixe ensemble de diverses manières pour découvrir la forme que je recherche. Ainsi, j'aborde plus la mode comme un sculpteur qu'un tailleur. »

Sandra Backlund

Ce chapitre est plus particulièrement consacré à l'utilisation des textiles dans la mode. Il examine les décisions, d'ordre fonctionnel, esthétique et budgétaire, que doit prendre le styliste pour choisir un tissu. Il étudie également la manière dont le styliste peut optimiser son processus de création en travaillant en trois dimensions avec le tissu, en le drapant sur le mannequin ou via son ordinateur. Une fois les textiles conçus et fabriqués, il est important de comprendre comment vous pouvez les transformer en vêtements, quels sont les procédés de coupe et de construction les plus efficaces pour des tissus spécifiques. La seconde partie de ce chapitre dévoile les processus de travail des créateurs de textiles dans le secteur de la mode, au fil d'interviews de créateurs de textiles indépendants, des créateurs de textiles de mode, des créateurs qui travaillent dans le domaine des prévisions de tendances et des créateurs qui repoussent les limites des textiles d'avenir.

Le choix de tissus pour le stylisme

1 Manteau en laine Jessie Lecomte, collection automne-hiver 2007.

En tant que créateur de tissus en maille, vous pouvez être appelé à créer uniquement l'échantillon de tissu, mais la plupart du temps vous créerez l'échantillon ainsi que le vêtement qu'il devient. Ces deux processus sont étroitement liés, car le vêtement naît littéralement du tissu.

Pour les créateurs de textiles tissés ou d'imprimés, les processus de création du textile et du vêtement sont moins étroitement liés. En principe, on crée d'abord une pièce de tissu, dans laquelle on coupe ensuite un vêtement. Toutefois, parmi les créations tissées ou imprimées, les plus intéressantes découlent d'une approche maille, lorsque la forme du vêtement et l'échantillon de tissu se développent en parallèle, liés l'un à l'autre.

Le styliste doit impérativement comprendre les propriétés des tissus et comment les exploiter sur le corps, en alliant fonction et esthétique.

Les grands stylistes ont une connaissance approfondie des tissus et de la manière optimale dont ils peuvent concevoir et construire des vêtements à partir de ceux-ci. Les idées les plus innovantes sur le papier ne resteront que des dessins si le styliste ne dispose pas de ces compétences. Essayez d'associer au fur et à mesure la conception de la silhouette et les critères précis guidant votre choix de tissu. Les tissus peuvent vous inspirer des idées de vêtements et vice versa. Certains stylistes se démarqueront par leur utilisation des textiles, d'autres pour leurs détails et silhouettes, mais reste tout de même à choisir le tissu adapté à ces créations. Un tissu sensationnel peut sauver une création médiocre, mais une idée remarquable fonctionnera rarement avec un tissu affreux.

1

1-4 Jan Taminiau, collection automne-hiver 2007. Chaque vêtement de cette collection peut se porter de deux façons différentes, et s'est donc vu présenté deux fois au cours de ce défilé.

1-2 Le jute de cette robe est tufté de mousseline de soie et de crêpe de soie. La couche supérieure est composée de soie lavée et de rubans de dentelle brodés de dentelle à l'aiguille.

3-4 Cette robe d'une seule pièce est construite à partir de trois couches de coton tissé d'élastique afin de créer les formes, par-dessus un boxer.

Réfléchissez à ce que vous souhaitez créer. Souhaitez-vous éblouir l'audience en présentant un vêtement d'une seule pièce aux imprimés éclatants ou richement orné ? Il vous faudra plutôt un tissu qui révèle les détails de la coupe, les pinces et le tracé des coutures. La maille ne le permettra pas, mais une toile simple sera idéale. Sur quel type de silhouette travaillez-vous ? Pour une silhouette près du corps, préférez une étoffe tissée ajustée, un tissu extensible ou coupé en biais. Vous pourrez créer une silhouette plus volumineuse avec une laine épaisse bouillie ou un organza apprêté, avec des coutures anglaises pour apporter davantage de structure au vêtement.

La saison peut également dicter votre choix de tissu. Vous utiliserez davantage de tissus lourds pour une collection automne-hiver et des tissus plus légers et respirables pour une collection printemps-été. Toutefois, nous pouvons aujourd'hui porter en toutes saisons une grande variété de tissus, car nous vivons et travaillons dans des environnements chauffés et climatisés.

Prenez en compte la résistance et la fonction du tissu. Le vêtement doit-il être solide ou résistant au lavage afin de pouvoir être porté tous les jours, ou ne sera-t-il porté que lors de grandes occasions et ensuite nettoyé à sec ? S'il doit être porté dans des conditions météorologiques exécrables, réfléchissez au tissu et à la finition les plus adaptés.

Enfin, quel est le coût du tissu que vous souhaitez utiliser ? Ce coût est-il adapté au marché cible ? Pour un vêtement de haute couture, les tissus les plus originaux et de la qualité la plus fine seront utilisés. Les créations de prêt-à-porter de plus grande distribution feront appel à des tissus performants et économiques, durables et résistants au lavage.

1

2

3

4

La fonction du tissu

La performance

Comme nous l'avons déjà évoqué précédemment, il est possible de créer des tissus performants et techniques au cours des diverses phases de production : lors de la production des fibres, de la construction du vêtement ou une fois celui-ci fini. Les tissus performants peuvent être exploités de manière créative en stylisme. Filée et tissée, une microfibre viscose avec des microcapsules contenant des produits chimiques peut produire un tissu offrant une protection contre les UV, idéal pour les maillots de bain et les vêtements pour enfants. Bouillie et matelassée, la laine offre une protection efficace contre le froid, voire contre la pression et l'abrasion, propriétés idéales pour un vêtement d'extérieur. Un tissu en coton peut être imperméabilisé puis traité à l'aide d'un revêtement laminé pour fabriquer des vêtements de sport. Les derniers développements dans le domaine des tissus intelligents peuvent apporter des propriétés plus futuristes. Des tissus dotés de mémoire par exemple peuvent changer de couleur ou servir d'interfaces de communications. Les stylistes peuvent opter pour un tissu technique et performant pour ses qualités esthétiques avant tout, plutôt que pour ses fonctions premières. Ainsi, le néoprène est utilisé pour les combinaisons de plongée, mais il peut également apporter de la structure à un vêtement, grâce à sa densité.

Le drapé

Les tissus fins au tissage lâche se drapent en général mieux que les tissus épais au tissage serré. Ce n'est cependant pas toujours le cas. Les fibres mêmes ainsi que les finitions jouent sur le drapé d'un tissu. Cela dépend également du type de drapé que vous souhaitez obtenir : un drapé plat et fluide ou volumineux qui vous permet de créer des plis et des formes. Lorsque vous achetez un tissu, déroulez-en un certain métrage et maintenez-le sur vous afin d'en vérifier le tombé et le drapé.

Le volume

Pour obtenir du volume, vous pouvez utiliser du tissu épais ou à poils, mais également de grandes quantités de tissu plus fin, que vous pouvez froncer ou plisser. Le tissu d'un vêtement peut aussi être utilisé de manière à capturer l'air lors des mouvements pour créer du volume. Les coutures et les pinces représentent un autre moyen de créer des formes. Réfléchissez à l'emplacement des points de contact entre le vêtement et le corps, et aux formes que vous souhaitez ainsi créer.

1 Alexander McQueen, collection automne-hiver 2006. Catwalking.com.

2 Tricots de la collection Ink Blot Test, de Sandra Backlund.

1

2

1

La structure

Certaines techniques de couture, empruntées à la confection homme et adaptées, vous permettent de structurer vos créations : méthodes de couture spécifiques, entoilage, canevas, rembourrages, baleines. Vous pouvez aisément obtenir la structure souhaitée en choisissant les tissus adéquats. De manière générale, un tissu tissé serré ou dense offrira davantage de structure qu'un tissu au tissage plus lâche. Les formes d'un vêtement structuré sont distinctes de celles du corps. Vous pouvez créer une forme qui se détache du corps ou en exagère un trait, par exemple un tailleur qui donne l'illusion de larges épaules. La structure peut également servir à contrôler le corps et le modeler différemment. Avant l'invention des tissus extensibles, l'ouvrage sur mesure permettait de donner au corps de nouvelles formes, par l'intermédiaire des vêtements.

L'élasticité

Les tissus extensibles permettent aux vêtements d'épouser les formes du corps, sans avoir recours à un ouvrage sur mesure. Les vêtements sont ainsi confortables, faciles à porter et laissent le corps libre de ses mouvements. Ils peuvent également soutenir le corps (à l'aide de filets extensibles par exemple) et, utilisés habilement, l'embellir. Les tissus ont tendance à se déformer à l'usage, en particulier autour de certaines zones, telles que les genoux, les coudes et le fond. En ajoutant une certaine proportion de fibres extensibles, le tissu retrouve sa forme après avoir été porté.

1 Christopher Kane, collection printemps-été 2007. Catwalking.com.

2 Exemples de sélection de tissus et d'utilisation en cours de création.

3 Pull tricoté main 3D Tata-Naka.

L'esthétique

Couleur, esprit et tendance

Le choix des textiles, de l'imagerie et des couleurs influe sur le message que transmet une collection. Nous venons de le voir, la majorité des tissus fabriqués ont été conçus en fonction des tendances. Le concept inhérent à ces tendances peut se révéler dans une collection, mais le tissu peut aussi être utilisé dans un tout autre esprit. Un tissu laminé futuriste peut, par exemple, être employé pour créer un vêtement d'allure futuriste, ou apporter une touche de modernité à une pièce classique. Grâce à un ensemble de tissus choisis avec soin, vous pouvez transformer vos concepts créatifs en une collection forte et unifiée.

Les motifs

Vous pouvez vous appuyer sur des motifs pour donner une allure particulière et plus personnelle à votre collection, mais le résultat peut être tant négatif que positif. Ainsi, lorsqu'un styliste choisit un motif qui ne suit pas les tendances de la saison, il risque de créer une collection qui ne se vendra pas, même si la coupe des vêtements est excellente.

Les motifs peuvent également être employés pour créer une forte image de marque, comme les imprimés Pucci ou la maille Missoni. Mais s'ils s'avèrent trop courants, la marque peut en souffrir.

La texture

La texture permet d'embellir un vêtement en modifiant ses qualités visuelles ou tactiles. Le toucher d'un tissu est extrêmement important. Le tissu est toute la journée en contact avec la peau. La texture apporte également un intérêt particulier à un vêtement, sans avoir recours à des détails.

2

3

Le coût et la disponibilité

Si vous ne créez pas vous-même vos tissus, réfléchissez à vos fournisseurs. Vous pouvez n'avoir besoin que d'un certain métrage de tissu pour une pièce unique, ou de davantage de tissu si vous lancez la production de vos créations. Pour vos pièces uniques, vous pouvez trouver du tissu sur les marchés, les salons classiques destinés aux textiles, les marchés aux puces ou lors de vos voyages. Si vous vendez vos créations en plus gros volumes, il vous faudra envisager de trouver un fournisseur qui pourra vous approvisionner en de plus grandes quantités, vous réapprovisionner si nécessaire. Si vous achetez vos tissus en magasin, il faut espérer qu'il en restera si vous avez besoin de revenir. Il est moins risqué de se fournir chez un grossiste qui aura plus de stock, et disposera de catalogues. Le risque n'est cependant pas nul, les grossistes peuvent ne pas avoir en stock un tissu au moment où vous en avez besoin. Vous pouvez aussi vous rendre à l'un des salons du textile tels que Première Vision. Cependant, cela peut ne pas s'avérer très réaliste pour les étudiants, car les fournisseurs vendent leurs produits en métrage minimum. De plus, certains tissus exposés sur les salons ne sont pas produits si le fournisseur n'obtient pas suffisamment de commandes. Si vous achetez des tissus sur les salons professionnels, vérifiez les prix avec soin pour déceler tout coût caché (frais de livraison, suppléments, frais de commande minimum). De nombreux fournisseurs vous demanderont également un numéro de TVA.

1

Pièces de défilé
Ces tenues ne sont jamais mises en vente dans le commerce. Elles sont conçues pour attirer l'attention de la presse et ainsi promouvoir le créateur auprès d'un public plus large.

Le segment de marché et le genre

Réfléchissez à votre segment de marché cible : la grande distribution, les supermarchés, les stylistes free-lance, les créateurs de prêt-à-porter (qui présentent leurs créations dans les plus grandes capitales du monde lors des semaines de la mode), les grandes marques de luxe (Gucci, Prada, etc.) et la haute couture. On compte également des marques de vêtements de sport et de loisir, des plus modestes aux grands noms. On peut trouver la plupart des tissus sur tous les segments du marché de la mode. La différence réside dans le type de vêtements que ces tissus permettent de créer et leur valeur perçue (c'est-à-dire le prix que le client est prêt à payer). Certains tissus sont cependant plus courants sur des segments particuliers. Les vêtements de sport et de loisir feront davantage appel à des tissus techniques et performants, résistants et extensibles. Les supermarchés préféreront les tissus plus économiques. Néanmoins, grâce aux volumes conséquents de vêtements qu'ils produisent, ils peuvent négocier des tissus de qualité à des prix plus avantageux. Les vêtements de milieu de gamme seront suffisamment résistants au lavage et à l'usure. Ce segment est très compétitif et le client attend des vêtements de qualité. Les créateurs de prêt-à-porter, eux, cherchent à utiliser des tissus plus innovants, uniques, afin de se démarquer d'autres créateurs. Les pièces n'auront peut-être jamais besoin d'être lavées. De plus, le travail que représente la création des tissus employés peut s'avérer trop coûteux pour en envisager la production sur commande. La haute couture est le seul domaine qui peut se permettre d'employer des tissus parfois peu résistants et extrêmement onéreux.

N'oubliez pas de tenir compte de l'utilisateur final : créez-vous des vêtements pour hommes, pour femmes ou pour enfants ? Certains tissus, aux connotations trop féminines, sont difficilement exploitables en confection homme. Certains tissus utilisés pour les vêtements d'enfants doivent respecter diverses réglementations en matière de sécurité.

2

1 Dior, collection haute couture printemps-été 2007. Chaque couche de cette robe est teinte à la main. Catwalking.com.

2 Confection homme Prada, collection automne-hiver 2007. Catwalking.com.

La création à partir de textiles

1 Moulage sur mannequin.

2 Illustrations de mode de Julia Krupp.

3-4 Exemples d'utilisation du textile au cours du processus de création.

Les collections les plus remarquables intègrent dès le départ les processus de création et de choix des tissus ainsi que le processus de conception des vêtements. Il est important d'envisager le tissu et le vêtement comme une unité, de les développer simultanément. Choisissez vos tissus au fur et à mesure que vous dessinez des vêtements et affinez vos choix lorsque vos créations se précisent. Vous devez toucher vos tissus tout au long de votre processus de création pour en appréhender toutes les propriétés. Vous devez découvrir s'ils se drapent facilement, s'ils sont extensibles ou raides et structurés.

La création en trois dimensions

Le moulage sur mannequin

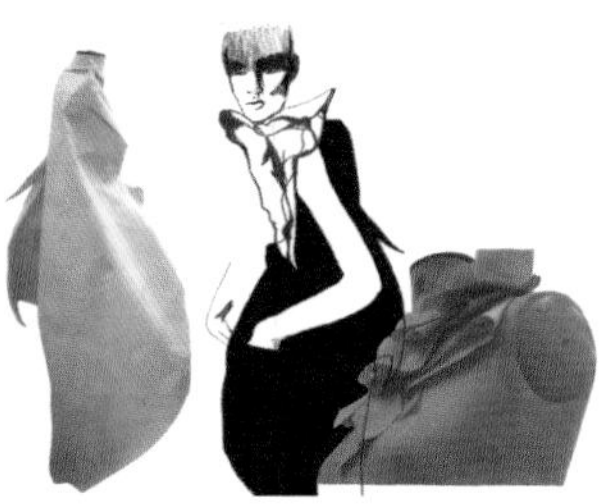

1

Il est parfois plus facile de donner vie à vos idées en trois dimensions, sur mannequin. Vous pouvez ainsi observer les plis et le drapé du tissu. Si vous pouvez utiliser pour le moulage le tissu que vous avez conçu, vous obtiendrez des résultats optimums. Vous n'avez cependant peut-être pas encore créé votre tissu, alors choisissez un tissu similaire en terme de poids et de construction, afin de vous faire une idée aussi précise que possible des caractéristiques de votre tissu. À ce stade, les possibilités créatives sont infinies. Concentrez-vous sur le résultat que vous souhaitez obtenir, sur l'objectif du moulage. Ne vous contentez pas d'entortiller le tissu. Réfléchissez aux points de contact entre le tissu et le corps ainsi qu'aux formes que vous sculptez. Cette méthode peut vous aider sur différents aspects, tels que les proportions des détails sur la forme, le volume mais aussi l'emplacement des motifs. Essayer ses créations sur mannequin ou sur le corps est crucial. Dépliez également vos tissus et observez-les dans un miroir pour juger de la combinaison des couleurs, des motifs, des proportions et de la texture. Prenez une photo de votre mannequin, ou dessinez-le, puis travaillez sur ces images en ajoutant des détails, en éliminant les zones qui ne vous conviennent pas ou en modifiant les proportions. Une fois que vous avez créé sur le mannequin quelque chose de satisfaisant, appliquez mentalement au corps ces formes et proportions, réfléchissez à leur transformation en vêtements. En d'autres termes, pensez aux étapes de coupe, de couture, puis aux finitions.

Le moulage numérique

Certains logiciels permettent au créateur de mouler numériquement des tissus sur une forme 3D. Scannez un tissu ou utilisez un type de tissu virtuel, puis observez le rendu tridimensionnel de son drapé, de sa couleur et de sa texture sur écran en deux dimensions. Cette méthode présente l'avantage de vous permettre d'essayer virtuellement des échantillons de vêtements plus rapidement et à moindre frais. Les vêtements ressemblent toutefois davantage à des animations numériques et les créateurs n'appréhendent pleinement un tissu qu'en le touchant et en le manipulant.

Le rendu en deux dimensions

Le dessin de textiles

Pour dessiner vos vêtements, essayez divers matériaux et différentes textures. Choisissez une technique qui vous permette de représenter fidèlement le tissu. Prenez soin de ne pas représenter des pièces qui semblent toutes faites de carton. Il est important de parvenir à exprimer le type de tissu dont est fait le vêtement. Essayez de représenter les diverses textures : structurées, pelucheuses, en laine, en dentelle, plates, lisses, transparentes, brillantes, raides, souples, rembourrées, apprêtées, imprimées, brodées, pailletées. Étudiez le mouvement du tissu sur le corps, son drapé et ses plis.

2

3

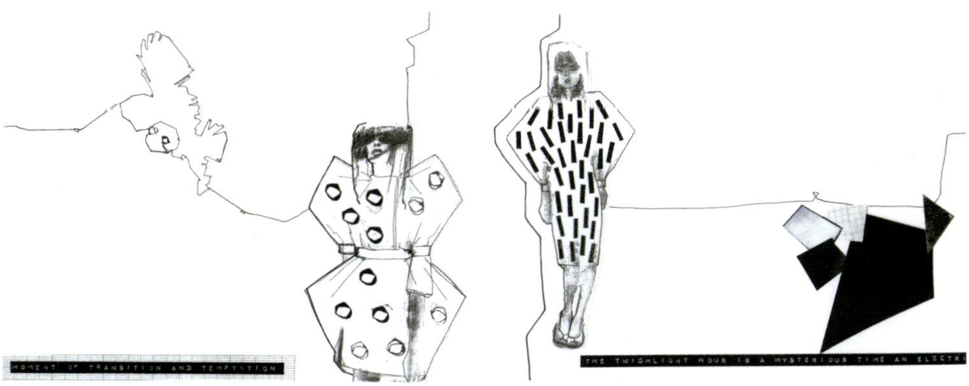

4

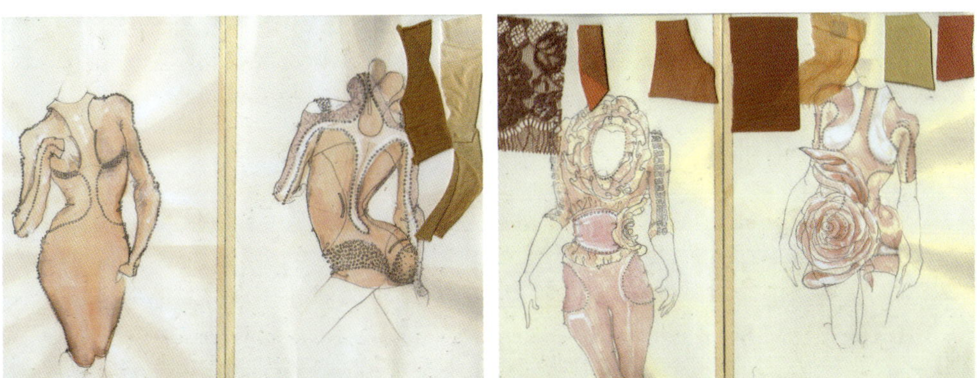

1

La construction des vêtements

La plupart des tissus ont un endroit (« bon » côté) et un envers (« mauvais » côté). L'endroit est la face qui est d'ordinaire destinée à être visible sur l'extérieur du vêtement. Certains tissus ont également un haut et un bas. Ils peuvent arborer un motif répété dans un sens précis (tissus à imprimés, damas ou brocarts, etc.). Le tissu peut comporter des poils orientés dans un certain sens ou une légère différence de couleur qui peut devenir évidente une fois le tissu drapé, comme avec le velours double pièce et le velours côtelé. Réfléchissez à l'endroit, l'envers, le haut et le bas du tissu lorsque vous y découpez des pièces.

En principe, les coutures principales sont parallèles à la lisière, ce qui permet de contrôler la structure du vêtement. Le tissu est également plus extensible dans le sens de la largeur. Découpez les pièces des manches et des jambes de manière à ce que l'articulation des coudes et des genoux soit prise dans la partie extensible du tissu. Le biais est incliné à 45° par rapport à la trame ou à la chaîne. Vous pouvez découper des vêtements en biais pour obtenir davantage d'élasticité et un drapé particulier.

Lisière
La lisière est le bord du tissu, dans le sens de la longueur (de la chaîne), fabriqué de manière à ne pas filer.

1 Manteau en laine classique déstructuré Comme des Garçons.

2 Couture rabattue et surpiqûres, souvent utilisées pour les jeans.

3 Couture jersey surjetée et encolure bordée.

4 Piqûre anglaise.

5 Couture droite et bords surjetés.

Pour transformer un tissu à deux dimensions en un vêtement à trois dimensions, il faut ajouter des coutures et des pinces. On peut opter pour un point de couture particulier pour ses caractéristiques fonctionnelles ou esthétiques. Les coutures doivent être finies afin que le surplus ne file pas et pour parfaire l'intérieur du vêtement. Certaines coutures peuvent être bordées ou surjetées une fois le vêtement assemblé, tandis que d'autres, telles que la piqûre anglaise et la couture rabattue, sont réalisées et finies simultanément.

Savoir comment confectionner au mieux vos coutures et finitions en fonction du tissu choisi est essentiel. Un vêtement bien construit plaira davantage et mettra en avant vos tissus.

Surplus
Le surplus est la marge ajoutée autour des bords extérieurs du patron et qui sera utilisée pour les coutures.

2

3

4

5

Toile

La toile désigne à l'origine une étoffe. Le terme est aujourd'hui employé pour faire référence à une maquette de vêtement (afin d'en vérifier la coupe et la construction). Pour réaliser la toile, on utilise en général un calicot de coton (de divers poids) ou un tissu similaire à celui du vêtement final. La toile est importante car elle vous permet de vérifier si vos idées fonctionnent une fois assemblées en vêtement.

1

Avant de confectionner un vêtement, mesurez un carré découpé dans le tissu choisi, lavez-le, puis mesurez-le à nouveau afin de vérifier s'il a rétréci. Si vous envisagez de doubler le vêtement, veillez à utiliser pour la doublure un tissu qui se comporte au lavage de la même manière que le tissu principal. La couleur pourrait déteindre ou le tissu rétrécir, ce qui déformerait le vêtement.

Certaines techniques d'assemblage requièrent un tissu que l'on peut faire rétrécir à la vapeur. La laine, par exemple, est utilisée pour les têtes de manches tailleur. Un tissu peut se comporter différemment et donc ne pas convenir à une technique particulière.

Ne laissez pas pendre les pans de tissus extensibles du rebord de la table lorsque vous les coupez. Le tissu se déformerait, ce qui entraînerait une mauvaise coupe des pièces du patron. Pour préserver l'élasticité d'un vêtement, utilisez des entoilages souples avec les tissus extensibles.

Utilisez des aiguilles fines (9, par exemple) pour les tissus légers tels que la soie, la mousseline de soie et le voile. Préférez des aiguilles plus grosses (18, par exemple) pour le Denim, la toile canevas, les étoffes de pardessus. Remplacez vos aiguilles lorsqu'elles s'émoussent pour des coutures plus franches.

2

1 Assemblage interne d'une robe en laine La Petite S*****. Doublure en organza de soie, dont l'ourlet est fermé par une épingle à nourrice et dépasse de la robe. Un corset maintient le haut de la robe, la laine tombant librement sous le buste.

2 Robe en laine La Petite S*****, collection automne-hiver 2007.

Les tissus à motifs et ornés

Les tissus à motifs

Réfléchissez à l'emplacement des motifs sur le vêtement. Certains motifs peuvent avoir un sens (un haut et un bas). Que pensez-vous de la taille du motif par rapport à celle du vêtement ? Les gros motifs doivent être positionnés avec soin. Un vêtement plus grand leur offrira de toute évidence plus d'espace. Vous aurez peut-être besoin de davantage de tissu pour positionner les motifs à des endroits précis. Vous pouvez les placer de manière à créer une continuité d'une pièce à l'autre du vêtement. Vous pouvez également envisager de déplacer les coutures afin qu'un motif enveloppe le corps sans être interrompu par une couture. Si le motif doit être placé de manière symétrique sur le vêtement, prenez le temps de disposer avec soin les pièces du patron sur le tissu.

Lorsque vous en faites le tracé avant de procéder à la découpe, faites bien attention à prendre en compte l'endroit où les coutures se rejoignent, et non les bords du surplus. Observez la manière dont le motif s'étend sur le corps et au-delà des ouvertures, ainsi que le centre du devant du vêtement. Réfléchissez à l'allure que prendrait le vêtement si les pièces du patron n'étaient pas coupées dans le droit fil : une manche chauve-souris sur un tissu à rayures verticales serait rayée horizontalement, dans le sens de la largeur de la manche, alors que le reste du vêtement serait rayé verticalement. Il peut s'avérer utile d'inclure sur la toile le motif sur lequel vous travaillez, afin d'ajuster son positionnement sur le corps et par rapport aux coutures.

Les tissus à sequins et perles

Vous devrez stabiliser ces tissus avant de les couper de sorte que les perles ne se détachent pas. La méthode la plus professionnelle consiste à tracer le contour des pièces sur le tissu, puis à retirer les sequins ou les perles qui se trouvent sur le surplus et d'arrêter les fils avec lesquels ils sont brodés à l'aide de nœuds. Vous pouvez ensuite couper le tissu. Fixez les sequins et les perles à une certaine distance des coutures avant d'assembler les différentes pièces du vêtement, puis les broder à la main par-dessus les coutures, sur l'extérieur du vêtement. Si vous n'assemblez pas de cette manière un vêtement pailleté, il vous faudra peut-être le doubler pour couvrir les coutures qui renferment des sequins ou des perles qui risquent de piquer. Stockez ces vêtements à plat afin que le poids des ornements ne les déforme pas.

Les tissus plissés

Le plissage du tissu peut faire rétrécir les fibres naturelles. Par conséquent, faites-le rétrécir au préalable. Il est préférable d'ourler les plis plats avant de procéder au plissage. Les plis relevés peuvent être ourlés ultérieurement.

1

1 Jupe double plissée à sequins Bérubé, automne-hiver 2007.

2 Création Jessie Lecomte, automne-hiver 2007.

3 Cardigan oversized tricoté main Giles Deacon, dessiné par Sid Bryan, automne-hiver 2007.

La maille

Vous pouvez construire des vêtements en maille de trois manières différentes. Premièrement, le tissu peut être tricoté sous forme de pièce dans laquelle vous découpez les pièces du vêtement que vous cousez les unes aux autres. La seconde méthode consiste à tricoter les pièces du vêtement façonnées, puis de les coudre les unes aux autres pour créer le vêtement. Enfin, il est possible de tricoter le vêtement en trois dimensions, sans coutures ou presque (voir le chapitre 3 pour obtenir des informations plus détaillées sur les types de mailles).

2 3

La découpe et les coutures

La maille est plus ou moins extensible selon le point utilisé et les fibres. Les tricots peuvent s'étirer dans le sens de la longueur, de la largeur ou dans tous les sens. Réfléchissez aux endroits où le vêtement doit être plus extensible : en général, les coudes, les genoux et le fond. Prenez en considération le degré d'élasticité nécessaire pour passer la tête dans le vêtement sans avoir besoin de fermeture.

La maille fabriquée sur métier à tricoter a tendance à se tordre en cours de production, décalant ainsi le droit fil et se traduisant par un tombé disgracieux des vêtements. Fiez-vous à une côte verticale pour déterminer le droit fil du tricot et disposez vos pièces en fonction. Ne laissez pas le tissu pendre lorsque vous le coupez, il pourrait se déformer.

Vous pouvez épingler le jersey de soie sur du papier de soie avant de disposer vos pièces et de les découper avec des ciseaux bien aiguisés. Certains tricots peuvent filer et s'enrouler une fois coupés (le jersey s'enroule vers la droite). Utilisez une aiguille à pointe arrondie ou une aiguille Stretch. Ces aiguilles glissent entre les fils au lieu de percer le tissu et de le faire filer.

Les coutures des vêtements en jersey sont surjetées ensemble. Cela permet aux coutures de s'étirer avec le tissu sans lâcher, et d'intégrer les bords bruts des pièces afin de créer un fini net. Si la couture n'a pas besoin d'être extensible, sur une épaule par exemple, il est préférable de la fixer à l'aide d'un ruban non extensible. Utilisez des entoilages tissés pour renforcer les boutonnières et faufilez à la main les fermetures à glissière pour les maintenir en place avant de les coudre. Suspendez le vêtement jusqu'au lendemain. Procédez aux mesures, effectuez les ourlets et cousez-les en points zigzag ou avec des aiguilles jumelées. Il est préférable de stocker les vêtements en maille à plat afin qu'ils ne se déforment pas.

1

La maille façonnée

Un tricot qui n'est pas coupé en pièces doit être façonné ou tricoté aux mesures des pièces en augmentant ou diminuant les mailles. Le tricotage proportionné permet en plus de créer des effets décoratifs le long des coutures. Pour obtenir une légère augmentation ou diminution, modifiez la tension des mailles rangée après rangée, l'épaisseur du fil ou le type de maille. Cette méthode s'applique souvent aux bords à côtes.
Les panneaux à côtes peuvent être placés à la taille pour ajuster le vêtement. Avant de dessiner le patron pour un vêtement en maille, tricotez un carré de 15 cm de côté (échantillon de tension). Appliquez-lui les mêmes finitions que celles envisagées pour le vêtement fini (lavé ou tendu, traité à la vapeur). Prenez soin de ne pas trop l'étirer. Une fois l'échantillon sec et détendu, mesurez le nombre de rangées (verticalement) et de mailles (horizontalement) d'un carré de 10 cm de côté pris dans le milieu de l'échantillon. Vous aurez peut-être caché un certain nombre de mailles dans des nervures ou des structures à mailles coulées. Tenez-en compte. Mesurez la longueur du dos, des manches et les poignets sur une personne, un vêtement existant ou une toile jersey. Calculez maintenant le nombre de mailles dont vous avez besoin pour créer les pièces requises aux mesures du vêtement. Les bords, tels que les encolures, les poignets et la ceinture, doivent également être tricotés. Une fois tricotées aux mesures souhaitées, les pièces façonnées doivent être mises en forme avant de procéder à l'assemblage sauf pour la laine épaisse et les côtes. Il se peut en effet qu'elles se soient déformées sur le métier à tricoter. La mise en forme consiste à placer les pièces tricotées sur un support rigide rembourré, le devant vers le bas, à redresser le tricot puis à en vérifier les mesures. Chaque pièce est ensuite soigneusement passée à la vapeur. Ne mettez pas le fer à repasser en contact direct avec le tricot. Cela pourrait aplatir les mailles. Laissez la pièce refroidir complètement avant de la retirer du support. Vous pouvez assembler à la main les pièces façonnées, à l'aide d'une multitude de points (arrière, feston, surjet…), ou à la machine en points zigzag, qui offrent davantage d'élasticité que les points droits classiques. Si vous travaillez sur machine à coudre, veillez à utiliser un pied à galets ou recouvrez le pied de ruban afin qu'il n'accroche pas les mailles. Les coutures doivent être toutes aussi extensibles que le reste du vêtement. Épinglez tout d'abord les pièces les unes aux autres afin qu'elles ne s'étirent pas trop. Utilisez pour les coutures le même fil dont est fait le vêtement. Elles seront ainsi invisibles. Utilisez une aiguille émoussée pour vos coutures à la main, de manière à ne pas fendre les mailles du tricot.

1 Tee-shirt classique Junya Watanabe en jersey de laine avec fleurs appliquées en soie, coton et polyester.

2 Encolure façonnée travaillée, Peter Jensen, collection automne-hiver 2007.

3 Robe tricotée sur métier Louise Goldin, collection automne-hiver 2007.

4-5 Cardigan à deux épaisseurs de Junya Watanabe. Le tricotage proportionné est évident autour du cou et des épaules sur cette pièce.

2

3

4

5

Les étoffes tissées

1

Les tissus transparents

Les tissus transparents laissent entrevoir sur l'extérieur les coutures, les revers, les ourlets ainsi que la construction du vêtement. Les plus rigides, comme l'organza, sont plus faciles à couper et à coudre que les tissus transparents souples, tels que la mousseline de soie et le crêpe georgette. Plus le tissu est lourd, plus la construction du vêtement est aisée. Les tissus plus délicats à travailler se déforment souvent lors de la coupe ou des coutures. Pour éviter cela, laissez le tissu étalé sur la table de coupe jusqu'au lendemain. Déroulez-le bien à plat sur du papier de soie, puis épinglez-le et découpez les pièces soigneusement. Vous pouvez laisser les morceaux de papier de soie sur chaque pièce lorsque vous les cousez les unes aux autres. Arrachez-les avec précaution une fois le vêtement assemblé. Vous pouvez exploiter la lisière du tissu pour finir une couture. Le point de couture que vous choisissez peut influer sur le drapé et la structure du vêtement. Commencez donc par essayer plusieurs types de coutures pour choisir celle qui donne le meilleur résultat. Les coutures étant visibles de l'extérieur, les tissus transparents très légers seront de préférence cousus par des piqûres anglaises, qui sont de plus très appréciées. Essayez aussi de placer les coutures de manière à éviter de faire des pinces car cela est assez difficile. Laissez pendre les vêtements avant d'en faire les ourlets. Le tissu tombera et vous pourrez mesurer les ourlets depuis le sol, les couper et les coudre.

Piqûre anglaise
Pour réaliser une piqûre anglaise, assemblez les pièces sur l'envers et cousez-les le long du tracé de la couture. Raccourcissez ensuite le surplus, ouvrez la couture, puis écrasez-la au fer et rabattez le surplus d'un côté. Retournez le tissu sur l'endroit et faites une couture fine qui maintient le surplus.

Les textiles utilisés dans le stylisme

Les tissus pelucheux

Vérifiez si les tissus pelucheux ont un sens. Ils peuvent présenter un haut et un bas, entraînant une légère différence de couleur sur les pièces et vêtements à motifs. Lorsque vous coupez le tissu, indiquez le sens des poils sur l'envers du tissu ou sur la lisière, puis alignez toutes les pièces dans le même sens. Les tissus à poils ont tendance à ne pas rester bien en place lorsqu'ils sont placés endroit sur endroit. Disposez donc votre tissu envers sur envers ou entièrement à plat. Lorsque vous épinglez les pièces du patron sur du velours, placez les épingles dans le surplus car elles peuvent laisser des marques dans le tissu. Pour que le tissu ne bouge pas pendant que vous réalisez les coutures, tendez-le. Vous pouvez également intercaler du papier de soie. Avec ce type de tissu, il faut appliquer le fer avec soin sur l'envers uniquement, car il pourrait abîmer les poils.

Les tissus de vêtements d'extérieur

Bien souvent, les coutures des tissus de vêtements d'extérieur doivent être solides et résistantes. On préférera une couture rabattue, qui implique une surpiqûre. Vous pouvez obtenir une couture imperméable en appliquant le long de la couture, depuis l'intérieur, un revêtement plastique.

1 Chemisier Comme des Garçons. L'épaisseur externe en viscose transparente laisse entrevoir la doublure en calicot de coton. Les éléments internes et externes du vêtement peuvent ainsi interagir.

2 Créations homme Jasper Chadprajong.

2

Les tissus non tissés

Le cuir et le daim

Les peaux de cuir et de daim ne se présentent pas sous forme de métrages, mais de pièces correspondant à la taille précise de l'animal d'origine. Réfléchissez à la taille des pièces de votre patron. Il vous faudra peut-être effectuer davantage de coutures sur le vêtement si les peaux ne sont pas suffisamment grandes. Étudiez avec soin l'emplacement de vos coutures car il est plus facile de coudre les peaux que d'y créer des pinces. Lorsque vous choisissez des peaux, vérifiez si elles ne présentent pas des imperfections, des zones plus fines ou des trous. Comparez également leur couleur et leurs dessins. Le daim peut comporter des poils.

Lors de la découpe des peaux, servez-vous de poids pour maintenir les pièces du patron. Les épingles laisseraient des marques dans le cuir. Les aiguilles en biseau ou spéciales cuir transpercent le cuir et le daim de manière nette, tandis qu'une aiguille normale aura tendance à déchirer le cuir en perforant sa surface dure. Les trous d'aiguilles étant permanents, réalisez vos coutures avec soin, en particulier les surpiqûres. Vous devrez peut-être monter un pied Teflon ou spécial cuir sur votre machine pour empêcher le cuir d'accrocher pendant les coutures.

Aplatissez vos coutures cuir au fer sur l'envers, et si besoin, collez le surplus et écrasez-le par de légers coups de marteau de l'autre côté, en prenant soin de ne pas marquer le cuir sur l'endroit. Une couture chevauchée conviendra mieux aux cuirs les plus épais. Retirez le surplus d'un côté de la couture, faites chevaucher l'autre côté et surpiquez. Vous devrez peut-être coller ensemble les surfaces au préalable afin qu'elles ne glissent pas. Pour obtenir un fini plat sur un cuir lourd, tailladez et collez des pinces ou utilisez des surpiqûres ou des coutures chevauchées. Le cuir s'étire, mais ne reprend pas sa forme.

La fourrure

Vous pouvez acheter la fourrure sous forme de queues, de peaux ou de plaques de fourrure. Les plaques sont fabriquées en cousant des petits bouts de fourrure les uns aux autres. Lorsque vous achetez de la fourrure, pensez à la taille des pièces de votre patron. Recherchez avant tout une couleur homogène et une surface uniformément recouverte. Tirez sur les poils pour vérifier s'ils se détachent et vérifiez la douceur et la souplesse de la peau. Certaines peaux sèchent. Dans ce cas, il est préférable de s'abstenir. Vous pourrez éventuellement rapiécer les trous et les fentes sur le cuir côté intérieur, dans la mesure où cela n'affecte pas l'aspect du côté fourrure. Il est également envisageable de recycler des vêtements en fourrure d'occasion démodés, en de nouvelles pièces.

Pour procéder à la coupe, étalez la fourrure face poilue vers le bas et disposez les pièces du patron à l'envers sur le dessus. Découpez la peau et séparez les poils. Essayez de ne pas prendre de fourrure ou de longs poils dans les coutures. Écartez-les des coutures avant de commencer à coudre. Une fois les coutures terminées, coupez la fourrure ou les poils du surplus pour éliminer les zones trop épaisses et donner un fini plus net.

Le plastique

Le plastique se manipule de manière identique au cuir. Les trous d'aiguille pouvant laisser des marques, réalisez vos coutures avec soin. Veillez à ne pas faire fondre le tissu lorsque vous aplatissez les coutures au fer.

1 Jessie Lecomte, collection automne-hiver 2007.

Votre carrière

1

En tant que créateur textile, vous devrez songer à vous spécialiser dans l'imprimé, la maille, le tissage, la couture ou l'ornement. Vous pouvez œuvrer en tant que créateur indépendant et créer des échantillons que vous vendrez vous-même ou par l'intermédiaire d'un agent, travailler pour une entreprise de création de textiles, ou recolorer des maquettes et en préparer la production. Vous pouvez appliquer vos idées de textiles au stylisme et créer des tissus uniques pour des collections de mode. Le domaine de la prévision de tendances offre également des opportunités pour produire les textiles des cahiers de tendances, travailler sur les couleurs ou les idées de tendances. Nous avons interrogé plusieurs créateurs de textiles afin de vous présenter les différentes orientations possibles dans ces carrières.

James Stone – Créateur de broderies et codétenteur de Code Studio

Quel est votre titre ?
Je suis créateur de broderies.

Pouvez-vous décrire votre métier ?
Je crée des pièces uniques brodées et ornées de perles pour le secteur de la mode. Je dessine, produis et vends moi-même mes créations à des entreprises de mode dans le monde entier.

Pour qui avez-vous travaillé ?
J'ai vendu des créations à de nombreuses entreprises de par le monde, dont Calvin Klein, Donna Karan et Nicole Farhi. La plupart du temps je dessine les pièces et présente un portfolio, mais il m'arrive de travailler sur des commandes spéciales pour un défilé.

Quel a été votre parcours ?
J'ai fait mes études à la Norwich School of Art puis j'ai suivi un Master en textiles au Royal College of Art de Londres. J'ai obtenu mon diplôme en 1998 et ensuite j'ai fondé Code Studio avec deux amis. Aujourd'hui nous participons à deux salons à Paris (les salons Première Vision) et à trois salons par an à New York.

Quelle est votre journée de travail type ?
Je commence à 8h00 et passe la majeure partie de ma journée à dessiner des créations pour la saison à venir. Je dois aussi organiser des rendez-vous si besoin est, et gérer tout l'administratif car je suis mon propre patron. Je dois aussi trouver de nouveaux tissus et des fils à coudre, et donc faire le tour des magasins de tissus et des marchés aux puces.

Quels sont vos horaires de travail ?
En principe 8h00-19h00, mais un peu plus quand j'ai un délai à respecter ou que la date d'un défilé approche.

Quelles sont les qualités requises pour ce travail ?
Motivation, enthousiasme, passion et créativité pour chaque pièce.

Quels revenus peut-on espérer quand on exerce cette activité ?
Le prix moyen d'une création est de 375 euros, voire plus pour les plus grandes pièces. Vous pouvez également être embauché à la journée ou parfois le client vous accorde un certain budget.

Quelle est la part de créativité de votre métier ?
Il est très créatif. J'ai la chance de gagner ma vie en faisant ce qui me plaît. Il faut travailler dur, mais ça en vaut la peine.

Comment est constituée votre équipe de travail ?
Je partageais un bureau avec Emily et Lisa à Code Studio, mais je travaille maintenant chez moi. Néanmoins, je passe beaucoup de temps avec mes clients pour leur vendre mes créations.

Qu'est-ce qui vous plaît le plus dans votre travail ?
Mon travail me permet de voyager et d'observer le domaine de la mode d'un point de vue indépendant. J'aime aussi me lancer des défis et travailler où et quand je veux.

Et ce qui vous plaît le moins ?
Attendre que certaines entreprises vous payent, mais aussi ne pas avoir d'aide financière en cas de coup dur. Le positif l'emporte tout de même sur le négatif.

Quels conseils donneriez-vous à quelqu'un qui voudrait travailler dans ce domaine ?
Croire en soi, toujours suivre ce qui vous inspire, sur le plan personnel et dans votre travail. Il vous faudra être tenace avant d'aboutir à un résultat satisfaisant. Étudiez avec sérieux, tirez parti des équipements et des ateliers à votre disposition.

Duncan Cheetham – Créateur de textiles imprimés

2

Quel est votre titre ?
Je suis consultant et créateur de textiles imprimés.

Pouvez-vous décrire votre métier ?
Je crée et dirige l'impression de confections homme et femme, je participe à la prévision de couleurs et de tendances, je crée des textiles imprimés pour Liberty et participe aux collections de plusieurs stylistes de par le monde.

Pour qui avez-vous travaillé ?
Liberty of London, Pringle of Scotland, Marc Jacobs, DKNY, Donna Karan, Temperley, Calvin Klein, Diane von Furstenberg, Converse, WGSN et Penguin Books.

Quel a été votre parcours ?
J'ai suivi un master en textiles imprimés au Royal College of Art et un BA en stylisme et création textile à l'UCE Birmingham.

Quelle est votre journée de travail type ?
Je crée, dessine et fais des recherches pour affiner mes créations et leurs couleurs. J'élabore des concepts pour les orientations et les tendances de mes clients.

Quels sont vos horaires de travail ?
Je travaille de 9 h 00 à 17 h 00 du lundi au vendredi, et parfois le week-end si besoin.

Quelles sont les qualités requises pour ce travail ?
De l'organisation, des compétences solides en concepts et recherches appliquées aux couleurs et à la création, des compétences en CAO appliquées à la création et aux répétitions de motifs et savoir travailler dans des délais serrés.

À quels revenus peut-on prétendre quand on exerce cette activité ?
Entre 35 000 et 45 000 euros.
£400 / 4000

Quelle est la part de créativité de votre métier ?
C'est un métier très créatif qui englobe le dessin, la mise en couleur, et l'élaboration de concepts pour les clients.

Comment est constituée votre équipe de travail ?
Je travaille seul en free-lance sur certains projets ainsi qu'en collaboration avec d'autres studios de création. Pour Liberty, je travaille au sein d'une équipe composée de quatre créateurs et un archiviste. Nous travaillons saison après saison sur une nouvelle collection de tissus imprimés vendue à d'autres stylistes.

Qu'est-ce qui vous plaît le plus dans votre travail ?
Voir mes dessins passer au stade de la mise en couleurs et de la production, puis de les voir transformés en articles de mode, travailler avec d'autres studios de création et sur une grande diversité de projets, des sols à l'illustration d'édition.

Et ce qui vous plaît le moins ?
Travailler avec deux ans d'avance sur la saison chez Liberty et ne pas avoir le temps de travailler davantage en free-lance !

Quels conseils donneriez-vous à quelqu'un qui voudrait travailler dans ce domaine ?
Acquérir autant d'expérience que possible dans le secteur, être original et différent. Ne pas fâcher qui que ce soit, c'est un secteur restreint ! Travailler dur.

1 Créations textiles de James Stone.

2 Créations textiles de Duncan Cheetham pour Liberty.

Sid Bryan – Styliste maille

Quel est votre titre ?
Styliste maille.

Pouvez-vous décrire votre métier ?
Je suis styliste indépendante. Je travaille sur la maille pour des entreprises, de la vente des collections à la création de pièces de défilé uniques.

Pour qui avez-vous travaillé ?
J'ai travaillé pour de nombreux stylistes dans tous les segments du marché, des vêtements de sport techniques et vendus dans le commerce aux grands créateurs.

Quel a été votre parcours ?
Je voulais étudier les beaux-arts et la peinture, mais je n'ai pas été prise. Heureusement on m'a orientée vers le textile, où j'ai pu mettre à profit ma passion pour la couleur et la texture en suivant un BA de création textile et d'ornement à l'université du Buckinghamshire. J'ai ensuite étudié la maille de mode au Royal College of Art et j'ai commencé à travailler en free-lance avec Bella Freud et Alexander McQueen. Peu à peu, j'ai rencontré de plus en plus de stylistes.

Quelle est votre journée de travail type ?
Il n'y a pas de journée type. Je voyage beaucoup, alors quand je suis de retour à mon bureau les tâches administratives remplissent souvent mes journées : paperasserie mais également contacter mes fournisseurs et mes clients. J'ai parfois rendez-vous avec un styliste pour rédiger un brief, ou une réunion de brainstorming avec mon équipe, je dessine, je tricote, je crée des échantillons et dresse des documents techniques d'accompagnement pour mes fournisseurs. Je pars à la recherche de mailles classiques sur les marchés ou je crée des napperons géants avec un trampoline.

Quels sont vos horaires de travail ?
Ils sont extensibles ! J'habite tout près de mon studio, donc je me lève à 6 h 30 tous les matins et je travaille aussi tard que possible, et aussi presque tous les week-ends.

Quelles sont les qualités requises pour ce travail ?
Il faut absolument avoir l'esprit technique pour créer de la maille et être patient, car vous devez faire et refaire la même chose plusieurs fois jusqu'à la perfection. Je travaille avec de nombreux stylistes aussi différents les uns que les autres. Il faut donc être capable de s'adapter et de travailler avec toutes sortes de personnalités.

Quels revenus peut-on espérer quand on exerce cette activité ?
Vous pouvez demander autant que vous le souhaitez, mais, vous devez avoir la réputation d'être fiable et talentueux, et ensuite décider de la valeur que représentent ces qualités.

Quelle est la part de créativité de votre métier ?
C'est un métier extrêmement créatif. Pour chaque pièce que vous créez, vous commencez par un brin, un fil, puis, grâce à un choix illimité de processus, vous créez un échantillon, que vous pouvez transformer en un nombre infini de formes. Il y a des côtés très créatifs et amusants, comme de tricoter des élastiques pour le dernier défilé Giles, mais aussi des côtés commerciaux et administratifs très rébarbatifs.

Comment est constituée votre équipe de travail ?
J'ai deux assistants qui travaillent à temps plein et dont je ne pourrais pas me passer, et un nombre indéfini de personnes qui travaillent avec moi si cela est nécessaire. Au plus fort de la saison dernière, nous étions douze.

Qu'est-ce qui vous plaît le plus dans votre travail ?
Je tricote, et j'adore ça, et je travaille avec des gens talentueux et étonnants.

Et ce qui vous plaît le moins ?
Je voyage tellement que, parfois, je ne sais plus quel jour on est et mon mari et mon chien me manquent.

Quels conseils donneriez-vous à quelqu'un qui voudrait travailler dans ce domaine ?
En fin de compte, il faut être vraiment passionné par ce que vous faites et avoir un don réel. Il n'existe pas de parcours conventionnel. Travaillez avec les autres et développez autant que possible votre expérience. Il vous faut de solides connaissances techniques de la maille et vous appuyer sur ces connaissances pour repousser autant de limites que possible. Par-dessus tout, comme dans tous les secteurs créatifs, soyez agréable et enthousiaste, cela vous emmènera loin.

Les textiles utilisés dans le stylisme

Justine Fox – Prévisions de tendances de couleurs et tissus

Quel est votre titre ?
Chef de projet/coloriste/éditrice de tissus.

Pouvez-vous décrire votre métier ?
Je travaille en étroite collaboration avec mes clients pour créer des palettes de couleurs et introduire des tendances dans divers secteurs dont les colorants, le plastique, la peinture et l'électronique. Je travaille avec des concepteurs graphiques pour proposer des solutions efficaces de marketing B2B et B2C. Je supervise aussi la production du cahier de tendances des couleurs d'intérieur Mix, des réunions de comité à sa publication. J'identifie, rassemble, mets au point et écris les pages du magazine *Mix Future Interiors* destinées aux tissus d'intérieur et je mets en avant la société au cours de présentations et d'ateliers que j'anime partout dans le monde.

Pour qui avez-vous travaillé ?
Global Color Research Limited. DuPont, Clariant, Homebase, KTF Retail, Comex et Addis sont quelques-uns de mes clients.

Quel a été votre parcours ?
J'ai suivi un BA de mode à l'université de Brighton avant de travailler dans le secteur de la mode, de la décoration intérieure, dans celui de la stratégie de marque, de l'ameublement, puis de la psychologie des couleurs et des tendances de couleurs.

Quelle est votre journée de travail type ?
Beaucoup de contact avec les clients, mais tout dépend de la période de l'année. C'est un secteur qui vit au rythme des saisons.

Quels sont vos horaires de travail ?
De 9 h 30 à 18 h 00, sans compter de nombreuses heures supplémentaires, en particulier en fin de projet, au moment des salons professionnels et en déplacement.

Quelles sont les qualités requises pour ce travail ?
Une bonne connaissance des couleurs, de la diplomatie, de l'endurance, une gestion du temps efficace et un minimum de connaissances des logiciels de conception.

Quelle est la part de créativité de votre métier ?
Je dirais 40 % de créatif et 60 % d'administratif.

Comment est constituée votre équipe de travail ?
Beaucoup d'indépendants. Nous sélectionnons les équipes en fonction de chaque tâche.

Qu'est-ce qui vous plaît le plus dans votre travail ?
Les voyages, les clients amusants et le produit fini.

Et ce qui vous plaît le moins ?
Les horaires et le salaire.

Quels conseils donneriez-vous à quelqu'un qui voudrait travailler dans ce domaine ?
Tenez-vous au courant des tendances nouvelles, allez à autant d'expositions et de salons que possible et soyez passionné.

1 Pièce de défilé de Sid Bryan.

2 Palettes de couleurs de Justine Fox.

Antoine Peters – Créateur de textiles de mode

Quel est votre titre ?
Fondateur et directeur de création de la griffe Antoine Peters.

Pouvez-vous décrire votre métier ?
Il englobe la conception, le dessin, le développement, la direction technique et commerciale.

Pour qui avez-vous travaillé ?
J'ai travaillé pour Viktor & Rolf et pour le magazine *AvantGarde*.

Quel a été votre parcours ?
Des études de commerce à l'HEAO à Arnhem, la filière mode de l'institut des arts d'Arnhem, une expérience professionnelle chez Viktor & Rolf et au sein du magazine *AvantGarde,* un master à l'institut de mode d'Arnhem, puis styliste free-lance, la griffe Antoine Peters, A Sweater For The World !, intervenant auprès d'ArtEZ, l'académie d'art et de création d'Arnhem, stylisme et conception de produits.

Quelle est votre journée de travail type ?
Je reçois et envoie des e-mails, je crée, dessine des patrons et m'inspire.

Quels sont vos horaires de travail ?
De 9 h 00 à aussi tard que nécessaire.

Quelles sont les qualités requises pour ce travail ?
Les mêmes qualités que l'on demande à un milieu de terrain : de la créativité, de la polyvalence, savoir garder une vision d'ensemble, diriger de manière positive, avoir l'esprit d'équipe, une mentalité de gagnant, de l'autocritique et de la persévérance. Ah oui, ça ne fait pas de mal non plus d'avoir un peu le sens des affaires en dehors du terrain. Et il faut être amoureux du ballon.

Quelle est la part de créativité de votre métier ?
C'est l'un des métiers les plus créatifs qui soient, car il englobe des disciplines foncièrement différentes, des contraintes et des libertés à la fois.

Quelle est l'importance des textiles dans votre travail ?
Les silhouettes sont très importantes à mes yeux, ainsi que les textiles. Selon moi, le jersey (de soie) et le Denim peuvent être tout aussi intéressants dans la mode haut de gamme que les tissus plus nobles habituels. La conception d'imprimés joue un rôle encore plus important dans mes collections, car le motif est très communicatif et permet de raconter une histoire beaucoup plus riche.

Comment est constituée votre équipe de travail ?
Elle se compose d'étudiants stagiaires, d'amis et d'âmes sœurs.

Qu'est-ce qui vous plaît le plus dans votre travail ?
La possibilité d'apporter une certaine légèreté dans le monde. Exclure la négativité et relier les individus par le sourire.

Et ce qui vous plaît le moins ?
Trouver des installations de production de qualité décente à l'étranger et/ou un investisseur. Vous avez une idée ?

Quels conseils donneriez-vous à quelqu'un qui voudrait travailler dans ce domaine ?
Écoutez, observez et posez autant de questions que possible au début. Puis soyez aussi fidèle que possible à cette nouvelle version de vous-même.

1

Manel Torres – Textiles technologiques

Quel est votre titre ?
Je suis directeur de la société Fabrican Ltd.

Pouvez-vous décrire votre métier ?
Mon rôle dans l'entreprise consiste à définir l'orientation stratégique et motiver la pensée créative dans tous les secteurs de l'entreprise (la mode, la science et l'activité commerciale) et d'assurer la solidité financière de l'entreprise.

Quel a été votre parcours ?
J'ai fait un PhD sur le sujet des tissus à pulvériser, ce qui m'a mené à fonder Fabrican Ltd.

Quelle est votre journée de travail type ?
Je fais tout ce qu'il y a à faire, quoi que ce soit.

Quels sont vos horaires de travail ?
Aussi extensibles que nécessaire.

Quelles sont les qualités requises pour ce travail ?
La créativité, la discipline et savoir prendre des risques.

À quels revenus peut-on prétendre quand on exerce cette activité ?
Cela ne vous regarde pas !

Quelle est la part de créativité de votre métier ?
Comme je vous l'ai dit, la créativité est la base de l'entreprise.

Comment est constituée votre équipe de travail ?
Je travaille avec des collaborateurs d'origines diverses, de l'art et la création, aux sciences et au commerce.

Qu'est-ce qui vous plaît le plus dans votre travail ?
Créer des produits d'avenir, auxquels personne n'a encore pensé.

Et ce qui vous plaît le moins ?
Obtenir un accord équitable dans le cadre d'une opération commerciale.

Quels conseils donneriez-vous à quelqu'un qui voudrait travailler dans ce domaine ?
Persévérez !

2

1 Défilé A Sweater For The World!, d'Antoine Peters lors de la semaine internationale de la mode à Amsterdam en juillet 2007.

2 Création textile Manel Torres.

1 Confection homme classique. Chemise de soirée et veston.

J'ai souhaité aborder dans ce livre tous les aspects liés à la recherche, au dessin et à la création des textiles de mode afin de vous présenter les connaissances sur lesquelles le créateur de textiles doit s'appuyer pour maîtriser son sujet, mais que le styliste peut également mettre à profit dans son approche du tissu. Des différentes qualités de fibres aux finitions du tissu, j'ai accompagné ces informations de conseils pratiques sur la manière de travailler, de couper, de coudre et de transformer ces textiles en vêtements.

J'espère que les informations sur les carrières qui s'offrent au créateur de textiles vous seront utiles. Trop souvent, le créateur de textiles n'est pas reconnu pour son travail remarquable et seul le styliste est applaudi. La création textile joue souvent le rôle de héros méconnu du stylisme. Pourtant, le stylisme ne serait certainement pas aussi intéressant sans textiles innovants.

Travailler dans la mode peut être très difficile, mais c'est un domaine fascinant et passionnant. Donnez le meilleur de vous-même. Appuyez-vous sur les informations contenues dans ce livre pour éveiller vos créations. Approfondissez les sujets que nous n'avons pas pu traiter dans le détail au sein de ce livre. Développez la moindre de vos idées, soyez innovant, expérimental et, par-dessus tout, soyez passionné par ce que vous faites.

L'étendue du sujet est si vaste que la composition de ce livre s'est avéré un réel défi. Plus j'avançais dans mes recherches, plus j'avais soif d'apprendre. J'ai personnellement beaucoup appris sur les textiles en rédigeant ce livre. J'espère qu'il vous apportera autant qu'à moi.

12

Glossaire

Camouflage
Tissu développé à l'origine par l'armée française au cours de la Première Guerre mondiale pour permettre aux soldats au combat de passer inaperçus. La mode en a aujourd'hui développé et adopté les motifs colorés abstraits.

Canevas Pénélope
Canevas à deux filets constitué de paires de fils s'entrecroisant dans le sens de la longueur et de la largeur.

Classique
Vêtement qui jouit d'une vaste reconnaissance au cours d'une période donnée et dont le nom est familier.

Coloris
Groupes et combinaisons de couleurs proposés.

Conception assistée par ordinateur (CAO)
Utilisation de l'ordinateur pour dessiner une création.

Courant
Tendance acceptée par la majorité.

Doublure
Tissu appliqué à l'intérieur du vêtement pour en cacher la construction. La doublure prolonge la durée de vie du vêtement car elle permet de préserver sa forme et le rend plus confortable à porter.

Drapé
Tombé du tissu.

Entoilage
Intégration de tissu entre le vêtement et ses revers pour apporter davantage de corps, de solidité ou de structure.

Feutrage
Processus permettant de nouer ensemble les fibres sous l'action de la chaleur à l'aide de produits chimiques ou par friction afin d'obtenir un matériau feutré.

Finitions
Procédés et techniques employés pour modifier l'aspect, les caractéristiques, les performances ou le toucher d'un tissu. Fait également référence à la manière dont un vêtement est fignolé lors de sa confection, par exemple à l'aide de coutures, de revers ourlés.

Image de marque
Caractéristiques tangibles et intangibles qui identifient une marque.

Japonisme
Influence des arts japonais sur l'art occidental.

Ligne Empire
Robes portées en France sous le premier Empire (1804-1815), caractérisées par une taille haute.

Maille façonnée
Tricotage d'un vêtement en maille selon une forme précise de sorte que chaque bord comporte une lisière et ne se défasse pas.

Mannequin
Mannequin de couturière.

Motifs placés
Motifs conçus pour s'adapter à une forme ou positionnés d'une certaine manière.

Panneaux d'ambiance
Regroupements d'images, de couleurs, d'objets ou de tissus dans le but d'exprimer visuellement un thème ou un concept de création.

Pièces de patron
Formes qui composent un vêtement, découpées dans du papier au cours du processus de patronage.

Semaine de la mode
Période, en principe bisannuelle, au cours de laquelle les collections de mode sont présentées à la presse et aux acheteurs dans les plus grandes capitales de la mode, comme New York, Londres, Paris et Milan.

Solidité de la couleur
Manière dont la couleur d'un tissu réagit au lavage, à l'abrasion ou à la lumière.

Surjet
Technique employée principalement en maille non façonnée pour recouvrir en même temps les bords coupés et les coutures.

Surpiqûre
Piqûre sur l'endroit du vêtement.

Textiles intelligents
Tissus qui réagissent au changement d'environnement et se modifient d'une certaine manière. Les tissus intelligents semblent « réfléchir ».

Tissus performants
Tissus de haute technologie développés à l'origine pour les vêtements de sport ou les vêtements d'extérieur destinés aux climats extrêmes, utilisés aujourd'hui dans la mode de tous les jours.

Toucher
Caractéristique tactile d'un tissu.

Bibliographie

Ambrose G. et Harris P.
Dictionnaire visuel de la mode
Paris, Pyramyd (2008)

Anvil Graphic Design
Couleurs + motifs 2
Paris, Pyramyd (2008)

Baudot F.
Mode du siècle
Paris, Assouline (2006)

Black S.
Knitwear in Fashion
Paris, Thames & Hudson (2002)

Bissek N.
Couleurs et toiles
Paris, Karthala (2006)

Borel F.
Le vêtement incarné : les métamorphoses du corps
Paris, Pocket (2006)

Braddock Clarke S.E.et O'Mahony M.
Techno Textiles: Revolutionary Fabrics for Fashion Design
Paris, Thames & Hudson (2005)

Browne C.
Soies du xviiie siècle
Paris, Thames & Hudson (1996)

Chaumette X.
Tissus pour un siècle de mode : les textiles et les modes féminines en France au xxe siècle
Paris, Michel Lafon (2002)

Collectif
Dictionnaire international de la mode
Paris, Éditions du Regard (2004)

Coquet M.
Textiles africains
Paris, A. Biro (1998)

Compton R.
The Complete Book of Traditional Knitting
Batsford (1983)

Cuvillier D.
Comprendre les tendances – Ceux qui les font et les défont
Paris, Éditions du Chêne (2008)

Davies H.
100 nouveaux créateurs de mode
Paris, Pyramyd (2008)

Fau A.
Histoire des tissus en France
Rennes, Ouest-France (2006)

Gale C. et Kaur J.
The Textiles Book
Berg (2002/2006)

Gallienne A. et McConnico H.
Un monde de couleurs
Paris, Thames & Hudson (2005)

Gillow J. and Sentence B.
World Textiles: A Visual Guide to Traditional Techniques
Paris, Thames & Hudson (1999/2006)

Ginsburg M.
The Illustrated History of Textiles
Londres, Studio Editions (1991)

Golbin P.
Créateurs de mode
Paris, Éditions du Chêne (1999)

Grumbach D.
Histoire de la mode
Paris, Éditions du Regard (2008)

Guild T. et Thompson E.
Motifs intemporels
Rennes, Ouest-France (2006)

Heller E.
Psychologie de la couleur
Paris, Pyramyd (2009)

Hencken Elsasser V.
Textiles: Concepts and Principles (seconde édition)
Manchester, Fairchild Publications (2005)

Hillairet M.-L. et Blot A. (1998)
Les grands moments de la mode : de la haute couture au style de la rue, les collections majeures, les figures marquantes et les épisodes clés de la mode au XXe siècle
Courbevoie, Soline (1998)

Itten J.
Art de la couleur
Paris, Dessain et Tolra (2004)

Jenkyn Jones S.
Le stylisme, guide des métiers
Paris, Pyramyd (2005)

Jones T. et Rushton S.
Fashion now
Paris, Taschen (2006)

Laver J. et De La Haye A.
Histoire de la mode et du costume
Paris, Thames & Hudson (2000)

Legrand C.
Textile et vêtements du monde : carnet de voyage d'une styliste
Genève, Aubanel (2007)

Maziers A.
L'œil et la main : les artisans de la haute couture
Paris, Éditions du Collectionneur (2005)

McNamara A. et Snelling P.
Design and Practice for Printed Textiles
Oxford University Press (1995)

Meadows T.
Créer et lancer sa marque de mode
Paris, Pyramyd (2009)

Morris B.
L'illustration de mode, guide des métiers
Paris, Pyramyd (2006)

Oei L.
Les motifs de la création : formes, couleurs et textures
Paris, Thames & Hudson (2002)

Ormen-Corpet C.
Modes XIXe et XXe siècles
Paris, Hazan (2000)

Peacock J.
La mode de 1900 à nos jours
Paris, Thames & Hudson (2008)

Seivewright, S.
Recherche et création
Paris, Pyramyd (2008)

Seiler-Baldinger A.
Textiles: A Classification of Techniques
Belair, Crawford House Press (1994)

Sorger R. et Udale J.
Les fondamentaux du stylisme
Paris, Pyramyd (2008)

Tellier-Loumagne F.
Mailles : les mouvements du fil
Genève, Aubanel (2003)

Wheeler W.
Tissus imprimés
Paris, Le Carrousel (1999)

White P.
Lesage, maître brodeur de la haute couture
Paris, Éditions du Chêne (1988)

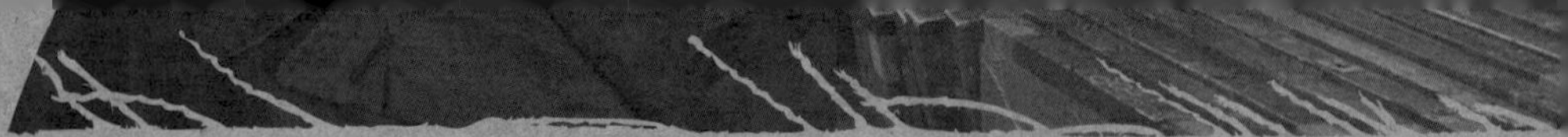

Ressources utiles

Adresses en France

Fédération française de la couture, du prêt-à-porter des couturiers et des créateurs de mode

100-102, faubourg Saint-Honoré
75008 Paris

Tél. : 01 42 66 64 44
www.modeaparis.com

Alliance française des designers

c/o La maison des photographes
121, rue Vieille-du-Temple
75003 Paris

www.alliance-francaise-des-designers.org

Modem

30, rue du Temple
75004 Paris

Tél. : 01 48 87 08 18
E-mail : info@modemonline.com
www.modemonline.com

Portail d'informations sur l'actualité de la mode et de la création en Europe.

Syndicat national des designers textiles (SNDT)

121, rue Vieille-du-Temple
75003 Paris

Tél. : 01 42 71 55 85
www.design-textile.com

Adresses au Royaume-Uni

British Fashion Council

5 Portland Place
Londres W1B 1PW

Tél. : +44 207 636 7788
www.londonfashionweek.co.uk

Le British Fashion Council est le comité organisateur des défilés de la Fashion Week de Londres et des British Fashion Awards. Le BFC travaille en étroite collaboration avec les écoles de stylisme les plus prestigieuses du Royaume-Uni.

Skillfast-UK

Richmond House
Lawnswood Business Park
Leeds, LS16 6RD
www.skillfast-uk.org

Skillfast-UK est un organisme qui fournit des services à l'industrie de l'habillement et du textile.

The Crafts Council

44a Pentonville Road
Londres, N1 9BY
Tél. : +44 207 278 7700
www.craftscouncil.org.uk

Le Crafts Council (Conseil des métiers d'art) possède une galerie d'artisanat contemporain et une librairie spécialisée dans les métiers d'art. Il propose également des services de conseils, une bibliothèque et des bourses. Il publie aussi un magazine qui fait la promotion des métiers d'art, Crafts.

Adresses aux États-Unis

Fashion Information

The Fashion Center Kiosk
249 West 39th St
New York, NY 10018

Tél. : +1 212 398 7943
www.fashioncenter.com

New York Fashion Council

153 East 87th Street
New York, NY 10008

Tél. : + 1 212 289 0420.

Pantone Color Institute

590 Commerce Boulevard
Carlstadt, NJ 07072-3098

Tél. : + 1 201 935 5500
www.pantone.com

Concours de mode

Festival international des jeunes créateurs de mode

www.festival-dinard.com

Parrainés par des personnalités du monde de la mode, le ministère de la Santé, de la Jeunesse, des Sports et de la Vie associative et la ville de Paris, les créateurs exposent pendant trois jours les modèles les plus représentatifs de leur collection. Le prix spécial de la Jeunesse permet au lauréat de bénéficier d'un espace sur le salon Who's Next.

London Graduate Fashion Week

www.gfw.org.uk

Lancée en 1991, la Graduate Fashion Week présente les meilleurs étudiants des écoles de mode du Royaume-Uni.

Fashion Awareness Direct (FAD)

www.fad.org.uk

Le concours de mode du FAD donne l'occasion à de jeunes talents de parfaire leur savoir-faire artistique et pratique, d'intégrer des ressources culturelles à leurs recherches et de présenter leurs travaux à des professionnels et dans les médias.

Royal Society for the encouragement of Arts, Manufactures & Commerce

www.rsadesigndirections.org

Le concours annuel du RSA, Design Directions présente des projets innovants sur l'évolution du rôle du créateur au sein de la société, de la technologie et de la culture.

Can You Cut It

www.canucutit.co.uk/

Can You Cut It donne la liste des principaux concours de mode. Il propose aussi des fiches métiers et des entretiens avec des professionnels. On peut ainsi lire et écouter des interviews avec les grands noms de la mode, comme Lulu Guinness et Savile Row, qui dispensent leurs conseils pour réussir dans ce secteur extrêmement compétitif.

Sites de recrutement et d'emploi

www.bethe1.com
www.citemedmode.com
www.emploi-textile.com
www.fashion-job.com
www.pretaporter.com
www.metiers.forthac.fr
www.profilmode.com

Ressources utiles

Écoles

France

ESMOD

16, boulevard Montmartre
75009 Paris
www.esmod.com

Studio Berçot
29, rue des Petites-Écuries
75010 Paris
www.studio-bercot.com

Parsons School of Design

14, rue Letellier
75015 Paris
www.parsons-paris.com

Institut français de la mode

(études supérieures uniquement)
33, rue Jean-Goujon
75008 Paris
www.ifm-paris.com

États-Unis

Fashion Institute of Technology

Seventh Ave. at 27
New York, NY 10001
www.fitnyc.edu

Parsons School of Design

66 Fifth Avenue
New York, NY 10011
www.parsons.edu

Fashion Institute of Design and Merchandising

(Los Angeles, San Diego,
San Francisco, Orange County)
www.fidm.com

Royaume-Uni

Central Saint Martins College of Art and Design

Southampton Row
Londres, WC1B 4AP
www.csm.arts.ac.uk

Kingston University

Knights Park, Kingston, KT1 2QJ
www.kingston.ac.uk

London College of Fashion

20 John Prince's Street
Londres, W1G 0BJ
www.fashion.arts.ac.uk

Manchester Metropolitan University

All Saints Building, All Saints
Manchester, M15 6BH
www.artdes.mmu.ac.uk/fashion/

Middlesex University Cat Hill campus

Chase Side, Barnet
Herts, EN4 8HT
www.mdx.ac.uk

Royal College of Art

Kensington Gore
Londres, SW7 2EU
www.rca.ac.uk

Europe

Hogeschool Antwerp, Fashion Department

Nationalestraat 28/3
2000 Anvers
Belgique
Tél. : + 32 3 206 08 80
Fax : + 32 3 206 08 82
E-mail : mode@ha.be

Domus Academy

Str. 2, ed. C2 Milanofiori 20090
Assago-Milano
Italie
www.domac.it

Amsterdam Fashion Institute

Stadhouderskade 5,
1072 AB, Amsterdam
Pays-Bas
www.amfi.hva.nl

Institución Artistíca de Enseñanza (IADE)

Calle Claudio Coello 48
28001, Madrid
Espagne
www.iade.es

Musées

France

Musée du Louvre
Quai du Louvre
75001 Paris
www.louvre.fr

Musée des Arts décoratif
Musée des Arts, de la mode et du textile

107, rue de Rivoli
75001 Paris
www.ucad.fr

Musée de la mode et du costume

10, avenue Pierre-Ier-de-Serbie
75116 Paris

Musée des tissus et des arts décoratifs de Lyon

34, rue de la Charité
69002 Lyon
www.musee-des-tissus.com

États-Unis

The Metropolitan Museum of Art

1000 Fifth Avenue at 82nd Street,
New York, NY 10028-0198
Tél. : +1 212 535 7710
www.metmuseum.org

Costume Gallery

Los Angeles County Museum of Art
5905 Wilshire Boulevard
Los Angeles
CA 90036
www.lacma.org

Museum at the Fashion Institute of Technology

7th Avenue at 27th Street
New York
NY 10001-5992

Royaume-Uni

Fashion Museum, Bath

Bennett Street, Bath, BA1 2QH
Tél. : +44 1125 477173
www.museumofcostume.co.uk

The Victoria & Albert Museum

South Kensington, Cromwell Road
Londres, SW7 2RL
Tél. : + 44 207 942 2000
www.vam.ac.uk

Design Museum

Shad Thames
Londres, SE1 2YD
Tél. : + 44 870 833 9955
www.designmuseum.org

The Crafts Council

44a Pentonville Road
Londres, N1 9BY
Tél. : + 44 207 278 7700
www.craftscouncil.org.uk

Europe

ModeMuseum Provincie Antwerpen – MoMu

Nationalestraat 28
2000 Anvers
Belgique
www.momu.be

Triennale di Milano

Viale Alemagna, 6
20121 Milan
Italie
www.triennale.it

Palazzo Pitti Costume Gallery

Piazza Pitti 1
50125 Florence
Italie
www.polomuseale.firenze.it

Magasins et fournisseurs

Marché Saint-Pierre
2, rue Charles-Nodier,
Montmartre
75018 Paris

Bouchara
1-3, rue Lafayette
75008 Paris

Reine
5, place Saint-Pierre
75018 Paris

Moline Tissus
1, place Saint-Pierre
75018 Paris

Marché Carreau du Temple
2, rue Perrée
75003 Paris

Le Rouvray
3, rue de la Bucherie
75005 Paris

Dominique Kieffer
8, rue Hérold
75001 Paris

Pierre Frey
22, rue Royale
75008 Paris

Sites Internet

www.costumes.org

www.fashionoffice.org

www.promostyl.com

www.fashion.about.com

www.style.com

www.fashion-era.com

www.wgsn-edu.com

www.londonfashionweek.co.uk

www.premierevision.fr

www.hintmag.com

www.infomat.com

www.catwalking.com

Publications et magazines

10

Another Magazine

Arena Homme +

Bloom

Collezioni

Dazed & Confused

Drapers Record

Elle

Elle Decoration

i-D

In Style

International Textiles

Marie Claire

Marmalade

Numéro

Oyster

Pop

Selvedge

Tank

Textile View

View on Colour

Viewpoint

Visionaire

Vogue

W

WWD Women's Wear Daily

Prévisions de tendancew

www.londonapparel.com

www.itbd.co.uk

www.modeinfo.com

www.wgsn-edu.com

www.peclersparis.com

www.edelkoort.com

Salons professionnels

www.premierevision.fr

www.informat.com

www.pittimmagine.com

www.purewomenswear.co.uk

www.magiconline.com

Ressources utiles

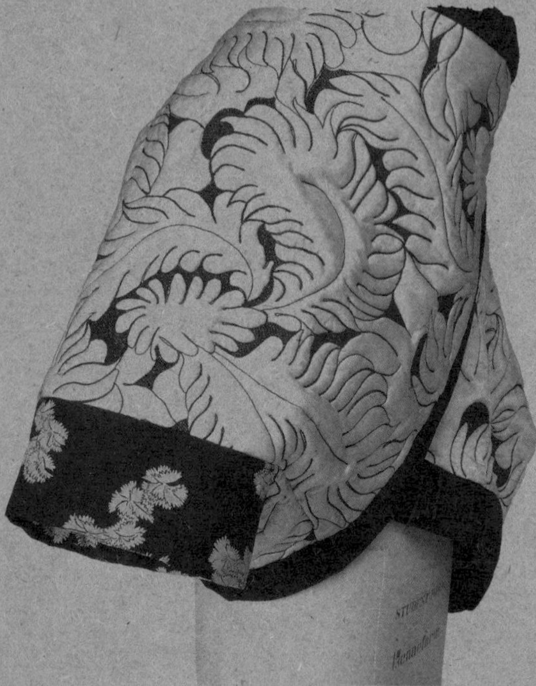

Alexander McQueen
www.alexandermcqueen.com

Balenciaga
www.balenciaga.com

Buddhist Punk
www.buddhistpunk.co.uk

Cathy Pill
www.cathypill.com

Chloé
www.chloe.com

Christian Wijnants
www.christianwijnants.be

Clare Tough
www.claretough.co.uk

Comme des Garçons
www.doverstreetmarket.com

Dior
www.dior.com

Dolce & Gabbana
www.dolcegabbana.it

Dries Van Noten
www.driesvannoten.be

Eley Kishimoto
www.eleykishimoto.com

Emma Cook
www.emmacook.co.uk

Givenchy
www.givenchy.com

Global Color Research Ltd
www.globalcolor.co.uk

Hussein Chalayan
www.husseinchalayan.com

Jean-Pierre Braganza
www.jeanpierrebraganza.com

Jenny Udale
jennyudale@hotmail.com

Lecomte
www.jessielecomte.com

Jonathan Saunders
www.jonathan-saunders.com

Julia Krupp
www.julia-krupp.de

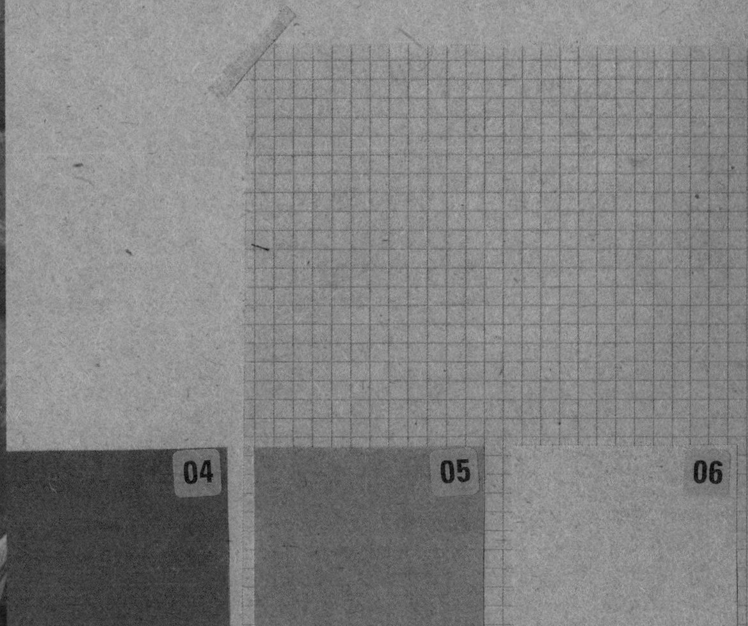

Kenzo
www.kozen.com

La Petite S*****
www.lapetitesalope.com

Louis Vuitton
www.louisvuitton.com

Manel Torres
www.fabricanltd.com

Manish Arora
www.manisharora.ws

Marc by Marc Jacobs
www.marcjacobs.com

Marios Schwab
www.mariosschwab.com

Marloes ten Bhömer
www.marloestenbhomer.com

Natalie « Alabama » Chanin
www.alabamachanin.com

Pantone®
www.pantone.co.uk

Peter Jensen
www.peterjensen.co.uk

Peter Pilotto
www.peterpilotto.com

Prada
www.prada.com

Richard Sorger
www.richardsorger.com

Sandra Backlund
www.sandrabacklund.com

Sid Bryan
sid@sidneybryan.co.uk

Sonia Rykiel
www.soniarykiel.com

Tata-Naka
www.tatanaka.com

Viktor & Rolf
www.viktor-rolf.com

Wildlifeworks
www.wildlifeworks.co.uk

Woven
info@wovenstudio.co.uk

Références

Sonia Rykiel

Manish Arora

Viktor & Rolf

Dior

Alexander McQueen

Prada

Hussein Chalayan

Givenchy

Dries Van Noten

Raf Simons

Siv Stoldal

Dior Homme

Martin Margiela

Balenciaga

Sandra Backlund

Marios Schwab

Christopher Kane

Marc Jacobs

Eley Kishimoto

Manel Torres

Jil Sander

Vivienne Westwood

Chloé

Issey Miyake

Junya Watanabe

Sophia Kokosalaki

Stella McCartney

Poiret

Coco Chanel

Dolce & Gabbana

Elsa Schiaparelli

Timorous Beasties

Mariano Fortuny

Paco Rabanne

Lucienne Day

Peter Jensen

Comme des Garçons

Emma Cook

Kenzo

Peter Pilotto

Christian Wijnants

Cathy Pill

Remerciements et crédits photographiques

Je remercie toutes les personnes (sans ordre particulier) qui ont participé à l'élaboration de cet ouvrage :

Wildlifeworks, Marios Schwab, Peter Jensen, Clare Tough, Emma Cook, Daniela Bomba, Richard Sorger, Eley Kishimoto, Peter Pilotto, Julia Krupp, Christian Wijnants, Cathy Pill, Jessie Lecomte, Laura Miles de chez Woven, Antoine Peters, Sid Bryan, La Petite S*****, Tata-Naka, Marloes ten Bhömer, Sandra Backlund, Manel Torres, Global Color Research Ltd, Duncan Cheetham, Timorous Beasties, Alabama Chanin, Spijkers en Spijkers, Jan Taminiau, Rory Crichton, Hannah Maughan, Michele Manz, Bruno Michel chez At Large PR, Ibeyo PR, Village Press PR, Cube PR, le bureau de presse de A.I. et Sam Lewis.

Je tiens tout particulièrement à remercier Val Furphy pour m'avoir ouvert les portes de son étonnante collection Comme des Garçons et de ses merveilleux échantillons de textiles. Merci à Justine Fox pour son travail intuitif sur la couleur au chapitre 5, James Stone pour m'avoir permis d'accéder à sa collection d'échantillons historiques et à ses remarquables broderies. Un grand merci à Daniela Bomba pour son illustration de couverture saisissante. Je souhaiterais également remercier Carl Downer et Daniel Stubbs de chez Sifer Design pour leur remarquable travail de conception de cet ouvrage.

Crédits photographiques

Illustration de couverture avec l'aimable autorisation de Daniela Bomba. Photographie par Lindsay May ; p. 3 avec l'aimable autorisation de Louise Henriksen ; p. 6 avec l'aimable autorisation de Peter Pilotto et Sandra Backlund. Photographie par Peter Farago ; p. 10 avec l'aimable autorisation de Catwalking.com ; p. 13 avec l'aimable autorisation de Timorous Beasties ; p. 14-15 avec l'aimable autorisation de James Stone ; p. 16-19 avec l'aimable autorisation de V&A Images/Victoria & Albert Museum ; p. 20-21 avec l'aimable autorisation de James Stone ; p. 22 photographie par Hywel Davies ; p. 27 avec l'aimable autorisation de Laura-Maria Arola ; p. 28 avec l'aimable autorisation de Jenny Udale ; p. 30 avec l'aimable autorisation de Catwalking.com ; p. 31 avec l'aimable autorisation de Jenny Udale ; p. 32 avec l'aimable autorisation de Wildlifeworks ; p. 34 avec l'aimable autorisation de Lousie Henrikensen ; p. 36 avec l'aimable autorisation de Peter Pilotto et Sandra Backlund. Photographie par Peter Farago ; p. 37 avec l'aimable autorisation d'Alabama Chanin. Photographie par Peter Stangelmeir ; p. 38 avec l'aimable autorisation de Wildlifeworks. Photographie par Natasha Cheek ; p. 39 avec l'aimable autorisation de Catwalking.com ; p. 43 avec l'aimable autorisation de Wildlifeworks. Photographie par James Parsons ; p. 44 avec l'aimable autorisation de Christian Wijnants. Photographie par Bettina Komenda ; p. 45 avec l'aimable autorisation de Catwalking.com ; p. 47 avec l'aimable autorisation de Sophie Copage ; p. 49 avec l'aimable autorisation de Rory Crichton ; p. 52 photographie par Lindsey May ; p. 53 avec l'aimable autorisation de Marloes ten Bhömer ; p. 56 avec l'aimable autorisation de Sam Lewis ; p. 57 avec l'aimable autorisation de Catwalking.com ; p. 58-59 avec l'aimable autorisation de Catwalking.com ; p. 60 avec l'aimable autorisation de Mika Nash ; p. 63 avec l'aimable autorisation de Furphy Simpson ; p. 64 avec l'aimable autorisation de Catwalking.com ; p. 68 avec l'aimable autorisation de Catwalking.com ; p. 73 avec l'aimable autorisation de Spijkers en Spijkers. Photographie par Marcio Madeira ; p. 74 avec l'aimable autorisation de James Stone ; p. 77 photographie par Lindsey May ; p. 78 avec l'aimable autorisation de Catwalking.com ; p. 82 avec l'aimable autorisation de Jenny Udale ; p. 83 avec l'aimable autorisation de Christian Wijnants. Photographie par Bettina Komenda ; p. 86 avec l'aimable autorisation de Marloes ten Bhömer ; p. 87 avec l'aimable autorisation de Manel Torres. Photographie par Miguel Dominguez ; p. 90 avec l'aimable autorisation de Peter Pilotto. Photographie par Pieter Huybrechts ; p. 93 avec l'aimable autorisation de Cathy Pill. Photographie par Étienne Tordoi ; p. 95 images 2, 3 et 4 avec l'aimable autorisation de Jenny Udale ; p. 96 avec l'aimable autorisation de Catwalking.com ; p. 97 (2) avec l'aimable autorisation de Furphy Simpson ; p. 99 (6-8) avec l'aimable autorisation de Furphy Simpson ; p. 99 (9) avec l'aimable autorisation de Louise Henriksen ; p. 99 (10) avec l'aimable autorisation de Spijkers en Spijkers. Photographie par Chris Moore ; p. 100 avec l'aimable autorisation de Catwalking.com ; p. 101 avec l'aimable autorisation de Hannah Maughan ; p. 102 avec l'aimable autorisation de James Stone ; p. 103 (2) avec l'aimable autorisation de James Stone ; p. 105 avec l'aimable autorisation de Alison Willoughby ; p. 110 avec l'aimable autorisation de Jessie Lecomte (copyright jeanfrancoiscarly@jeanlouisjerome.com) ; p. 112-113 avec l'aimable autorisation de Gavin Ambrose ; p. 114-115 avec l'aimable autorisation de Justine Fox. Copyright Global Color Research Ltd, tous droits réservés ; p. 116 avec l'aimable autorisation de Catwalking.com ; p. 117 avec l'aimable autorisation de Catwalking.com, Copyright Global Color Research Ltd ; p. 118 (1) avec l'aimable autorisation de Justine Fox. Copyright Global Color Research Ltd, tous droits réservés ; p. 118 (2) avec l'aimable autorisation de Catwalking.com ; p. 121 copyright et avec l'aimable autorisation de Global Color Research Ltd, tous droits réservés ; p. 124-125 avec l'aimable autorisation de Sybarite ; p. 127 avec l'aimable autorisation de wgsn.com ; p. 128 avec l'aimable autorisation de Catwalking.com ; p. 131 avec l'aimable autorisation de Jessie Lecomte (copyright jeanfrancoiscarly@jeanlouisjerome.com) ; p. 133 avec l'aimable autorisation de Jan Taminiau. Photographie par Peter Stigter ; p. 134 avec l'aimable autorisation de Catwalking.com ; p. 135 avec l'aimable autorisation de Peter Pilotto et Sandra Backlund. Photographie par Peter Farago ; p. 136 avec l'aimable autorisation de Catwalking.com ; p. 138 avec l'aimable autorisation de Catwalking.com ; p. 139 avec l'aimable autorisation de Catwalking.com ; p. 140 (2) avec l'aimable autorisation de Julia Krupp ; p. 147 avec l'aimable autorisation de Cathy Pill et Jessie Lecomte (copyright jeanfrancoiscarly@jeanlouisjerome.com) ; p. 153 avec l'aimable autorisation de Cathy Pill et Jessie Lecomte (copyright jeanfrancoiscarly@jeanlouisjerome.com) ; p. 154 avec l'aimable autorisation de James Stone ; p. 155 avec l'aimable autorisation de Duncan Cheetham/Liberty ; p. 156 avec l'aimable autorisation de Sid Bryan ; p. 157 avec l'aimable autorisation de Justine Fox. Copyright Global Color Research, tous droits réservés ; p. 158 avec l'aimable autorisation de Antoine Peters. Photographie par Peter Stigter ; p. 159 avec l'aimable autorisation de Manel Torres. Photographie par Miguel Dominguez ; p. 162-175 avec l'aimable autorisation de Jenny Udale ; p. 26, 42, 46, 50, 51, 61, 65, 66, 67, 70, 71, 72, 73, 75, 79, 80, 81, 84, 88, 91, 92, 94, 95, 97, 98, 101, 106, 108, 109, 119, 126, 137, 142, 143, 144, 145, 146, 148, 149, 150, 156, 158, 161, 166, 168, 172 photographie avec l'aimable autorisation de Andrew Perris Photography (www.andrewperris.co.uk).